Vorwort

Welche andere Großstadt kann schon mit Stuttgart mithalten? Ringsherum Hügelketten, Weinreben bis mitten in die Stadt und so viel Grünflächen und Wald, wie man es von einer als Autobauer- und Autofahrerstadt berüchtigten Metropole kaum erwarten würde. Stuttgart hat beides – den Hauch von Provinz und eine Prise Weltstadt, ist Landstadt und Großstadt zugleich, auch Kultur- und Sportstadt, Bier- und Weinstadt ... Genau diese »Stuttgarter Kontraste« – die Mischung aus Tradition und Fortschritt, Behäbigkeit und Dynamik – sind das Kapital der baden-württembergischen Landeshauptstadt und begründen ihre Vielfalt.

Neben Staatsgalerie, Mercedes- und Porsche-Museum gibt es mindestens 111 weitere Gründe, in Stuttgart auf Entdeckungstour zu gehen. Wer würde nicht gern herausfinden, wo hier die Musik spielt, wie ein Moai von den Osterinseln nach Schwaben kam und wer den Sozialismus ausgerechnet in Sillenbuch pflegte? Wo der echte und der falsche Nesenbach fließen, was es mit dem Phänomen der besoffenen Bäume auf sich hat und warum Romeo und Julia zueinander nicht kommen können?

Informative Geschichten und originelle Fotos weisen den Weg zu außergewöhnlichen oder versteckten Orten, zu Miniaturlöwen und Riesensauriern, Jahrmarktopas und Feuerwehr-Oldtimern.

Kurz gesagt: 111 unterhaltsame und spannende Fundstücke, zugleich 111 Anregungen, Unbekanntes und Überraschendes zu entdecken.

111 Orte

1 Der Abluftkamin

Stadtklima und Sommersmog

Mit Holzschindeln verkleidet steht mitten im Wald ein überdimensionaler Kamin. Seine Größe spricht wohl gegen die Theorie, es handle sich um den Backofen eines Hexenhauses. Ob sich der Riese Heim von der Alb und seiner Burg Reußenstein hierher verirrt hat? Aber das merkwürdige Bauwerk stammt nicht aus dem Märchenreich.

Hier im Waldgebiet nahe dem Dornhaldenfriedhof befindet man sich 80 Meter über dem Heslach-Tunnel. Und steht unvermutet vor dessen zentralem Abluftkamin. Die mit Autoabgasen belastete Luft von täglich bis zu 50.000 Kraftfahrzeugen – der 2,3 Kilometer lange Straßentunnel ist einer der am stärksten befahrenen Deutschlands – wird von Ventilatoren mit hoher Geschwindigkeit (circa 20 Meter pro Sekunde) über den über die Baumwipfel ragenden Kamin ausgeblasen. An einer tieferen Stelle bei der Karl-Kloß-Straße wiederum erhält der Tunnel Frischluft, die durch einen Schacht und mittels Ventilatoren eingeblasen wird.

Die Stuttgarter Luft sei nichts als die »Ausdünstung des Teufels«, klagte schon Nikolaus Lenau, und »so dumpf und matt, so verbraucht und beschmutzt, als wäre sie durch meilenlange Windungen von Eingeweiden hindurchgegangen, ehe man sie in Nase und Lunge bekommt«. Diese drastische Tirade des Dichters über den »Pestilenzhauch« im »verdammten Kloakenthal« stammt sogar aus Zeiten, als das Automobil noch gar nicht erfunden war. Die berüchtigte Kessellage Stuttgarts macht besonders an schwülen Tagen zu schaffen. Die Luft heizt sich auf, eine Dunstglocke liegt über der Stadt. Weil Südwestdeutschland zu den ausgesprochen windarmen Regionen gehört, ist nicht nur die »Belüftung« der Viertel, sondern auch die Abdrift von Schadstoffen beschränkt – daher spielt hier der Wald als Filter zur Reinigung der Stadtluft eine noch wichtigere Rolle als anderswo. Die Schadstoffwerte werden an diversen »Stadtklima-Punkten« gemessen – der Abluftkamin ist einer davon.

Adresse Auf der Dornhalde, 70597 Stuttgart-Degerloch, www.stadtklima-stuttgart.de |
ÖPNV Seilbahn vom Südheimer Platz bis Waldfriedhof, von dort zu Fuß bis zum Dorn-
haldenfriedhof und weiter am Zaun entlang bis zum alten Verwalterhaus aus Ziegelfach-
werk, dort links abbiegen | **Tipp** Auf dem Dornhaldenfriedhof wurden 1977 die in
Stammheim zu Tode gekommenen Terroristen Gudrun Ensslin, Andreas Baader und Jan-
Carl Raspe beigesetzt. Oberbürgermeister Manfred Rommel hatte ihr Begräbnis gegen
großen Widerstand durchgesetzt.

2 Die Anlegestelle
Mit dem Neckar-Käpt'n unterwegs

Eine Bootsfahrt, die ist lustig … Heutzutage jedenfalls, früher war sie harte Arbeit. Jahrhundertelang wurde der Neckar, der im Schwenninger Moos bei Villingen-Schwenningen entspringt und nach 367 Kilometern bei Mannheim in den Rhein mündet, als Transportweg genutzt. Schon für das Mittelalter ist belegt, dass Flößer Holz aus dem Nordschwarzwald über den Rhein bis in die Niederlande brachten. Wegen gefährlicher Stromschnellen und Untiefen des »wilden Wassers« (so wohl der keltische Ursprung des Namens) konnten nur kleine Treidelschiffe den Fluss befahren. Daran haben auch die zahlreichen Eingriffe in den Flussverlauf ab dem 16. Jahrhundert kaum etwas geändert. Dank des Wilhelm-Kanals war der Neckar seit 1821 durchgängig schiffbar, und 1921 begann man, den Fluss mit zahllosen Staustufen zur Großschifffahrtsstraße auszubauen; der Stuttgarter Hafen wurde 1958 in Betrieb genommen.

In der ersten Zeit befuhren allerdings nur Frachtschiffe den Neckar. 1957 nahm die von Karl und Berta Epple als »Neckar-Personen-Schiffahrt« gegründete Firma ihren Betrieb auf und schickte 40 Jahre lang ihre Ausflugsschiffe stromauf und stromab. 2007 konnte das Unternehmen 50-jähriges Bestehen und sein zehnjähriges Jubiläum unter dem neuen Namen »Neckar-Käpt'n« feiern. Seit 1997 haben Susanne und Wolfgang Thie das Ruder fest in der Hand – nicht nur an Bord. Wolfgang Thie, Sohn eines Binnenschiffers, Diplom-Wirtschaftsingenieur für Seeverkehr und »Kapitän auf großer Fahrt«, kümmert sich um den Betrieb und die Schiffe. Seine Frau Susanne Thie betreut den Event- und Gastrobetrieb.

Mit seiner weißen Flotte fährt der Neckar-Käpt'n stromaufwärts bis Plochingen, stromabwärts von Bad Cannstatt über Marbach bis nach Lauffen. Neben Linien- und Rundfahrten werden auch Floßfahrten angeboten und spezielle Events wie Discotouren, Weinproben oder Kaffeefahrten.

Adresse Anlegestelle Wilhelma, Neckartalstraße 41, 70376 Stuttgart-Bad Cannstadt, Tel. 0711/54997060, www.neckar-kaeptn.de | **ÖPNV** U14, Haltestelle Wilhelma | **Öffnungszeiten** Ostern–Okt., Fahrplan auf der Homepage | **Tipp** Von der Anlegestelle in Hessigheim lohnt sich ein Ausflug zu den Felsengärten. Die schroffen Muschelkalkfelsen am Neckarufer, oberhalb der Weinbau-Steillagen, sind nicht nur ein Eldorado für Kletterer, sondern bieten auch für Wanderer und Spaziergänger eine herrliche Aussicht von oben.

3__Das Archiv

Das historische Gedächtnis der Stadt

Durch den Lesesaal führen Schienen. Das Einfahrtstor für Güterzüge an der Stirnseite bleibt allerdings geschlossen. Denn im Gleisbett haben »Arbeitszellen« für Archivnutzer ihren Platz gefunden, die auf den Betrachter wie Waggons auf Schienen wirken. Diese Überbleibsel der historischen Nutzung und die alte Bahnladerampe verleihen dem modernen Lesesaal eine ganz besondere Atmosphäre.

2011 zog das Stadtarchiv in die einstige »Fabrikvorstadt« von Cannstatt, in ein denkmalgeschütztes Kontor am Bellingweg und in die angrenzende Lagerhalle. Die bisher über die Innenstadt verstreuten Bestände fanden im 1921 entstandenen Backsteingebäude des »Großeinkaufsvereins der Kolonialwarenhändler Württembergs« ein neues, großzügiges Domizil. Bei der notwendigen Renovierung im Innern wurde der Raumeindruck der alten Lagerhalle bewahrt, und auch außen hielt man sich an die Vorgaben des Denkmalschutzes. Im öffentlichen Lesesaal ist die Freihandbibliothek untergebracht, mit rund 25.000 Bänden der größte frei zugängliche Bücherbestand zur Stuttgarter Stadtgeschichte.

An jedem ersten Mittwoch im Monat besteht zudem für Einzelbesucher die Möglichkeit, an einer kostenlosen Hausführung teilzunehmen, bei der auch ein Blick ins Magazin geworfen werden kann. Hier werden wichtige Dokumente und amtliche Unterlagen der Stadt aufbewahrt sowie Bilder, Plakate und Bücher zur Geschichte Stuttgarts gesammelt. Auf Mikrofilm gibt es einen umfangreichen Bestand historischer Zeitungen; verwahrt werden zudem private Nachlässe mit Briefen und Tagebüchern von bleibendem kulturhistorischem Wert. Zum Besitz des 1920 gegründeten Archivs zählen darüber hinaus jahrhundertealte Dokumente, etwa mittelalterliche Urkunden aus dem 14. Jahrhundert. Interessant sind insbesondere die vom Stadtarchiv organisierten Wechselausstellungen, Vorträge und Tagungen zu historischen Themen.

STADTARCHIV

Adresse Bellingweg 21, 70372 Stuttgart-Bad Cannstatt, www.stuttgart.de/stadtarchiv |
ÖPNV U 1, U 2, Haltestelle Mercedesstraße | **Öffnungszeiten** Mo 9 – 13 Uhr, Di, Do,
Fr 9 – 16 Uhr, Mi 9 – 18 Uhr, kostenlose Führung 1. Mi im Monat um 17.30 Uhr | **Tipp**
Nicht nur die Bibliothek ist Interessierten im Lesesaal zugänglich, auch thematische Ausstellungen, Tagungen und Vorträge erschließen die Stuttgarter Stadtgeschichte.

4__ Die Auquelle

Reine Wasserkraft

Die Preise für eine Kiste Sprudel beim Getränkehändler sind vielleicht nicht gerade der Posten, der dem Portemonnaie wirklich wehtut, aber unter Cannstättern ist es gang und gäbe, sich das Wasser selbst zu zapfen. Denn der Stuttgarter Untergrund birgt eine Besonderheit: die Mineralquellen.

500 Liter pro Sekunde schüttet das Stuttgarter Mineralwassersystem aus, in ganz Europa hat nur Budapest größere Vorkommen. In den Mineralbädern links und rechts des Neckars sorgt das prickelnde Nass für Wellness und Wohlbefinden, an den vielen öffentlichen Trinkbrunnen füllt man es sich für den Hausgebrauch ab. Wo immer hier in die Erde gebohrt wird, blubbert es, selbst im Neckar treten noch Quellen zutage und machen sich mit Luftblasen bemerkbar.

Seit der ersten Bohrung in den 1830er Jahren tritt das Wasser der Auquelle durch einen natürlichen Überdruck oberirdisch aus. »Bereichsweise ist das Mineralwasser artesisch hoch gespannt«, heißt das im Fachjargon.

Bei einem Geschmackstest der Stuttgarter Zeitung wurden verschiedene Sprudel sowie Quellwässer aus Cannstatt und Umgebung verglichen – das Wasser der Auquelle schnitt am besten ab. Es hat mit dem oft säuerlichen Geschmack anderer Quellen nichts gemein und übertraf beim Test auch die Mineralwässer aus dem Supermarkt. Den besten Sprudel gibt's also gratis vor der Haustür. Und der ist so beliebt, dass man am Wochenende sogar mit kurzen Wartezeiten rechnen muss – kanister- oder flaschenweise sind hier sparsame oder gesundheitsbewusste Stuttgarter mit der Eigenabfüllung beschäftigt.

Die Auquelle, zwischen Wilhelma und Kraftwerk Münster an der Neckartalstraße unterhalb des Neckardammwegs gelegen, ist an der Glassäule mit innenliegendem Wassersprudler leicht zu erkennen. Als Entnahmestelle dient ein Becken mit Abfüllhahn. Nur wenige Meter entfernt führt der Mühlsteg zum anderen Neckarufer.

Adresse Neckartalstraße, 70376 Stuttgart-Bad Cannstatt, www.stgt.com/brunnen/muhlstgd.htm | **ÖPNV** U 14, Haltestelle Mühlsteg | **Tipp** Dem Berger Urquell verdankt das Mineralbad Berg seinen Namen. Das kohlensäurehaltige Wasser perlt und prickelt so stark, dass früher vom »Baden in Champagner« gesprochen wurde.

5 __ Der Aussichtspunkt
Panoramablick vom Wasserreservoir

Wo linker Hand der Blaue Weg nach Vaihingen abbiegt, lassen viele Radler den Aussichtspunkt an der Hasensteige unbeachtet rechts liegen. Vielleicht, weil sich Stuttgart so vieler schöner Aussichtspunkte glücklich schätzen darf? Charakteristikum der Landeshauptstadt ist das Auf und Ab ihrer Topografie. Den Stuttgarter Kessel schufen Nesenbach, Vogelsangbach und andere dem Neckar zufließende Wasserläufe. Rund um diese Senke ziehen sich bewaldete Hügel und Weinberge mit Wohnvierteln in gediegener und teurer »Halbhöhenlage«. Auf der flachen Plattform warnen denn auch Schilder am Zaun: »Bitte keine Gegenstände hinabwerfen, unterhalb befindet sich ein Wohngebiet.«

Das Stadtgebiet erstreckt sich über eine Höhendifferenz von fast 350 Metern, das macht die Wasserversorgung zu einer Herausforderung. Gegenüber Städten auf dem flachen Land herrschen im hügeligen Stuttgart etwas schwierigere Bedingungen, für das Trinkwasser benötigt die Stadt eine aufwendige technische Infrastruktur. Weil Stuttgart sein Wasser zum Teil vom Bodensee, zum Teil vom Donauried bei Ulm bezieht, trinken die Stuttgarter quasi zwei Sorten Wasser. Das Wasserwerk im Stadtteil Münster steuert in der Neckartalaue gewonnenes Grundwasser bei.

Um die natürlichen Höhenunterschiede zu überwinden, ist zeitweise ein Druck von mehr als 30 Bar erforderlich. Läge der Wasserdruck auch im Tal bei diesem Wert, würde das Wasser aus der Leitung schießen wie aus einem Hochdruckreiniger. Zum Versorgungsnetz mit über 60 unterschiedlichen Druckzonen gehören daher ungewöhnlich viele Wasserspeicher, Hochbehälter, Pumpwerke, Turbinenanlagen und Druckminderventile. Das Hasenberg-Wasserwerk von 1874 ist das älteste der Stadt. Einst filtrierte es das Wasser aus den Stauseen, heute sichern die Speicher einen gleichmäßigen Versorgungsdruck, gleichen Nachfragespitzen aus und stehen als Reserve bei eventuellen Störungen bereit.

Bitte keine Gegenstände
nach unten werfen.

Landeshauptstadt Stuttgart

Adresse Hasenbergsteige 51, 70197 Stuttgart-West | **ÖPNV** Bus 92, Haltestelle Schwab- / Reinsburgstraße | **Tipp** Ein Besuch im nahen Glemswald empfiehlt sich. Im 16. und 17. Jahrhundert wurden hier unter Herzog Christoph und Herzog Johann Friedrich Pfaffen- und Bärensee als Wasserreservoir gestaut.

6 Der Blaustrümpflerweg

Der Weg ist das Ziel

»Immer der Socke nach!«, heißt die Losung, wenn man den vom Schwäbischen Albverein unterhaltenen, etwa acht Kilometer langen Rundweg entlangwandert. Denn mit blauen Strümpfen auf weißem Grund ist der Weg perfekt beschildert, Kompass und GPS sind überflüssig, hier verläuft man sich nicht.

Vom Marienplatz geht es über Stäffele und Sträßchen steil hinauf zum Biergarten auf der Karlshöhe (siehe Seite 126). Wer will, kann gleich hier eine erste Rast einlegen. Die Aussicht über den Stuttgarter Süden ist wirklich phantastisch. Weiter geht es die Hasenbergsteige hinauf, wo auf halber Höhe der »Blaue Weg« abzweigt, der einer der schönsten Spazierwege Stuttgarts ist. Zwischen steilen Weinhängen und idyllischen Streuobstwiesen bieten sich grandiose Ausblicke ins Heslacher Tal. Dem »Blauen Weg« folgend, gelangt man weiter westlich in den Heslacher Wald, von wo es dann abwärts ins Tal geht, zum Südheimer Platz und zur Talstation der Standseilbahn. Das nostalgische Teakholzbähnle verkehrt im 20-Minuten-Takt zum Waldfriedhof hinauf (siehe Seite 182 und 128). Von dort führt der Wanderweg vorbei am Dornhaldenfriedhof und am Garnisonsschützenhaus durch den Degerlocher Wald. An dessen Ende gelangt man in ein Wohngebiet, von hier sind es nur noch wenige hundert Meter bis zur Haltestelle Haigst. Mit der zweiten historischen Bahn, der Zacke, gehts wieder hinunter zum Marienplatz.

Als Blaustrümpfe sind gemeinhin belesene, kluge oder gebildete Frauen verschrien – die Heslacher dagegen sollen einer Sage nach im Jahr 1519 den württembergischen Herzog Ulrich auf seiner Flucht nach dem Überfall auf die Reichsstadt Reutlingen verraten haben. Nach seiner Rückkehr aus der Verbannung befahl der Herzog, alle Heslacher müssten von nun an zur Strafe sonntags zum Kirchgang blaue Strümpfe tragen. Seither ist »Blaustrümpfler« der Spitzname der Heslacher.

Adresse Start und Ziel am Marienplatz, 70178 Stuttgart-Süd, Strecke etwa 7,5 Kilometer, Gehzeit circa 2,5 Stunden | **ÖPNV** U 1, U 4, U 9, U 14, U 15, Haltestelle Marienplatz | **Tipp** Der knapp sieben Kilometer lange Rote-Socken-Weg ergänzt den Blaustrümpflerweg und führt vom Marienplatz bis zur Schillereiche (siehe Seite 172) und zurück.

7__Die Brauerei

Wir wollen Wulle

»Wir wollen Wulle!« Der bekannte Werbespruch der Brauerei prangte einst auf vielen Gläsern, Krügen, Aschenbechern und Werbeplakaten, die man heute teuer im Internet ersteigern kann oder auf Flohmärkten und in Trödelläden findet. Mit dem Nonsens-Song »Wooly Bully«, der in den 1960er Jahren zum Millionenseller wurde, hat Wulle aber nichts zu tun, auch wenn im Netz Fans immer wieder nach »Wulle Wulle« fahnden.

Nicht wenige sind der Meinung, Wulle sei das beste Bier Stuttgarts gewesen. Ernst Immanuel Wulle (1832 – 1902) hatte in Stuttgart als Lehrling das Handwerk des Bierbrauers erlernt. Er kam aus ärmlichen Verhältnissen, heiratete aber eine vermögende Frau und konnte mit einem Teilhaber (der jedoch bald wieder ausstieg) 1859 eine Brauerei gründen. Seit 1861 firmierte das Unternehmen unter »Aktienbrauerei Wulle«. Man begann mit dem Brauen von »Wulle Bürgerbräu« und »Wulles Spezial-Tafelbier«, und bald war das Bier »in aller Munde« und das runde rot-weiße Signet allgegenwärtig. Über viele Jahrzehnte agierte das Unternehmen so erfolgreich, dass Wulle zahlreiche andere regionale Brauereien übernehmen konnte. Bis in die 1920er Jahre wurden so Braubetriebe aus Zuffenhausen und Esslingen, Vaihingen und Möhringen, Mühlacker und Weißenstein dem Unternehmen einverleibt. Das gleiche Schicksal ereilte Wulle 1971 selbst, seither gehört die Marke zu Dinkelacker, zunächst existierte sie noch eigenständig, später verschwand die Biersorte aus dem Sortiment. Die Wulle-Brauereigebäude wurden umgehend abgerissen und das Gelände neu bebaut. Auf dem einstigen imposanten Werksgelände an der heutigen Willy-Brandt-Straße befindet sich nun ein Fünf-Sterne-Hotel.

2008, knapp 40 Jahre nach dem Ende der Brauerei, führte die Großbrauerei die Traditionsmarke wieder ein. Heute hat Dinkelacker-Schwaben-Bräu die Marke in Retroflaschen mit Bügelverschluss wieder im Sortiment.

Adresse Tübinger Straße 46, 70178 Stuttgart-Süd, www.wulle-bier.de | **ÖPNV** U 1, U 4, U 9, U 14, U 15, Haltestelle Marienplatz | **Öffnungszeiten** Führungen Di und Do ab 17 Uhr | **Tipp** Das Grab von Ernst Wulle liegt auf dem Pragfriedhof.

8 __Das Breuninger-Parkhaus

Die »autogerechte« Stadt

Parkhäuser und Tiefgaragen werden von Autofahrern meist gern in Anspruch genommen, sofern die Parktarife nicht zu sehr zwicken. Als reine Zweckbauten sind sie bei Stadtplanern allenfalls umstritten, weil jeder unterirdische Parkplatz um ein Vielfaches teurer ist als oberirdische Stellflächen. Oft ist aber auch aus Sicht des Denkmalschutzes der Preis zu hoch. Wie im Fall des »Gasthof zum Bären« – wo er einst stand, parken heute Autos. Gekauft hatten das Haus 1897 die Vereinigten Gewerkschaften mit Hilfe eines Darlehens der Mitglieder. Hier wurde ein Arbeitersekretariat eröffnet und bis zum Auszug 1928 zu Versicherungs- und Rechtsfragen beraten, die Gewerkschaftsbibliothek verlieh Lesestoff und Informatives.

Das Nachkriegscredo der autogerechten Stadt ist gerade Stuttgart noch deutlich anzusehen: Die »City-Tangenten« B 14 und B 27 brachten ganze Quartiere wie Leonhards- und Bohnenviertel ins Abseits, und auch die Durchbrüche für »Querspangen« wie Planie und Torstraße kappten Verbindungen. In den 1980er und 1990er Jahren waren die großen Verkehrsschneisen fast zu »Stadtautobahnen« verbreitert worden, und sie zerschneiden nach wie vor die Stuttgarter Innenstadt. Die am Auto orientierte Planung trug der Stadt den hässlichen Beinamen »Kaputtgart« ein. Anderswo begann das Umdenken eher und wurde auf veränderte Bedürfnisse auch mit neuen Mobilitätskonzepten geantwortet. Heute stellt sich die Frage nach den Prioritäten der Einwohner – Verkehr oder Lebensqualität – auch in Stuttgart mit aller Vehemenz. Insbesondere gilt es, den Zusammenhang zwischen den zerschnittenen Stadtteilen wiederherzustellen.

Die Stadtplanungsfragen sind heute besonders virulent, weil sich der städtische Wandel beschleunigt hat: Im 19. Jahrhundert wurden innerhalb einer Generation etwa fünf Prozent der bestehenden Bausubstanz abgerissen und durch Neues ersetzt, heute sind es innerhalb einer Generation bis zu 50 Prozent.

Adresse Esslinger Straße 1, 70182 Stuttgart-Mitte | **ÖPNV** U1, U2, U4, Haltestelle Rathaus | **Tipp** Ein Stück der mittelalterlichen Stadtmauer ist noch am Schellenturm erhalten (siehe Seite 194).

9 Der Burgholzhofturm

Ein römischer Wachturm aus der Neuzeit

Auf keine andere deutsche Großstadt lässt sich so leicht und an so vielen Orten herunterschauen. Nur Stuttgart hat diese einmalige Topografie – die berühmt-berüchtigte Kessellage zwischen lauter Hügeln. Der Aussichtsturm am Burgholzhof, 358 Meter über Normalnull gelegen, wurde Ende des 19. Jahrhunderts vom einstigen Verschönerungsverein Bad Cannstatt als Bekrönung einer größeren Weinbau- und Gartenbaufläche über dem Neckartal errichtet. Von hier reicht die Sicht weit über den Osten der Stadt, Bad Cannstatt und das Neckartal bis zur Schwäbischen Alb. Am 19. September 1891 wurde der Turm im Beisein von Kronprinz Wilhelm festlich eingeweiht. Der ehemalige Burgholzhof, einst ein Mustergut für Obstanbau, musste in den 1930er Jahren allerdings einer Kaserne weichen, und seit den 1990er Jahren entstand hier ein großes Neubaugebiet.

Den sanierten Turm betreuen heute rund 30 Vereine und ein Förderverein, alle ehrenamtlich, darunter Karnevalsgesellschaften und Musikvereine, das Deutsche Rote Kreuz und der Turnerbund, Vereine wie Schwarze Störche oder Globetrottel. Dank ihres Engagements ist die Öffnung der Aussichtsplattform an den Sommerwochenenden möglich, und im Wechsel bieten die Vereine auch Bewirtung für Ausflügler, denn der Turm liegt direkt am Weinwanderweg. Der Burgholzhofturm wurde im Stil eines römischen Turms erbaut – so hat man sich die Wachtürme beispielsweise entlang des Limes vorgestellt. Im Zweiten Weltkrieg diente er dann tatsächlich als militärischer Beobachtungsposten.

Ein weiterer Aussichtspunkt ist der 20 Meter hohe Bismarckturm auf dem Gähkopf. Nach einem Wettbewerb der deutschen Burschenschaften wurden Anfang des 20. Jahrhunderts um die 50 nahezu identische Bismarcktürme nach dem Entwurf »Götterdämmerung« von Wilhelm Kreis errichtet – insgesamt gab es über 180 Bismarcktürme in Deutschland, von denen noch etwa 140 erhalten sind.

Adresse Auerbachstraße 200, 70376 Stuttgart-Burgholzhof | **ÖPNV** Bus 52, 57, Haltestelle Burgholzhof | **Öffnungszeiten** Mai–Okt. Sa nachmittags und So ab spätem Vormittag | **Tipp** Der Bismarckturm im Stadtteil Lenzhalde steht auf dem höchsten Punkt in Stuttgart-Nord (409 Meter über Normalnull) und bietet eine gute Aussicht auf das Stuttgarter Stadtgebiet sowie Fernsicht in alle Himmelsrichtungen.

10__Die Burgruine

Die Wacht am Neckar

Viele hundert Burgen und Burgruinen gibt es in Baden-Württemberg – sie boten Schutz in kriegerischen Zeiten und signalisierten Machtansprüche. Die namengebende Württemburg ließ König Wilhelm I. abreißen, um seiner jung verstorbenen Frau Katharina eine Grabkapelle erbauen zu lassen. Trotzdem kann man auf Stuttgarter Stadtgebiet noch auf Burgentour gehen: Mitten im Wohngebiet oder auf kleinen Anhöhen finden sich überraschend viele Überreste einstiger Wehranlagen – die Zwingburg in Hofen ist darunter die größte erhaltene Burgruine. Ihre imposante, rund acht Meter hohe und mehr als zwei Meter starke Schildmauer vermittelt einen guten Eindruck von der wehrhaften Architektur des Kastells. An drei Seiten von Gräben umgeben, war zum Neckar hin kein zusätzlicher Schutz notwendig, da das Gelände dort steil abfällt. Auch der Burggraben ist noch gut zu erkennen, er wurde nur zum Teil verfüllt. Die Steine des Bergfrieds wurden zum Teil als Baumaterial für die barocke Barbarakirche verwendet; seine Überreste haben heute noch eine Höhe von um die 13 Meter.

Die Burg Hofen wurde vermutlich im Mittelalter von den Grafen von Württemberg erbaut und Cuno von Mühlhausen als Lehnsherr eingesetzt. Als das Geschlecht im 14. Jahrhundert ausstarb, gingen Dorf und Burg an die Herren von Neuhausen über, doch richtig viel ist über die mittelalterlichen Bewohner der Burg nicht bekannt. Der Ort blieb – anders als andere württembergische Gemeinden – auch nach der Reformation katholisch.

Vermutlich um 1300 schon einmal zerstört, wurde die Burg aber im Gegensatz zur Engelburg am anderen Neckarufer in Mühlhausen wiederaufgebaut. Im Dreißigjährigen Krieg brannten schwedische Soldaten die Burg nieder, weil ihrer Forderung nach Proviant nicht entsprochen worden war. Im 18. Jahrhundert gaben die Freiherren von Neuhausen Ort und Burg an Herzog Carl Eugen von Württemberg zurück.

Adresse Wolfgangstraße, 70378 Stuttgart-Hofen, www.stuttgart-hofen.de | **ÖPNV** U 14, Haltestelle Hofen | **Tipp** Der etwa zehn Kilometer lange Vier-Burgen-Rundwanderweg beginnt an der Haltestelle Max-Eyth-See und ist mit gelben Schildern und der Ansicht der Burgruine Hofen markiert. Er führt auch zur Engelburg (siehe Seite 46).

11 Ceres

Herrin über Obst und Gemüse

Die grünblau glasierte Göttin wirkt denkbar relaxt. Dass sie hier nackt mitten im lebhaften Getümmel der Markthalle sitzt, scheint sie nicht im Geringsten zu stören. Sie ist den Rummel gewohnt, schließlich herrscht an den rund 40 Marktständen permanent Betrieb, und außerdem wurde sie schon oft abgelichtet – als echtes Hinguckermotiv findet sie sich in vielen Fotobänden über die Landeshauptstadt. Über einem mit Majolikafliesen verzierten Brunnenbecken ziert die römische Ackerbaugöttin Ceres mit zwei anschmiegsamen Knaben die Rundbogennische. Das Wasser des Brunnens erfrischt kostenlos durstige Marktbesucher.

1916, zwei Jahre nach dem Bau der Markthalle, wurde der Brunnen zwischen den Treppenaufgängen zur Empore eingebaut. Gefertigt hatte den glänzend grünblauen Trog und die Figurengruppe die Majolikamanufaktur Karlsruhe – heute ein ehrwürdiges Traditionsunternehmen, damals aber gerade erst anderthalb Jahrzehnte alt. 1901 hatte der badische Großherzog Friedrich I. dem Bau einer keramischen Werkstatt zugestimmt, in der die sogenannte »Majolika-Technik« wieder aufleben sollte. Bei diesem Verfahren wird eine zinnhaltige Opakglasur mit glänzender Oberfläche auf die Keramiken aufgebracht. Sie dient als Basis für farbige Aufglasdekorationen. Traditionell glasierte man vor allem in Spanien und Italien auf diese Weise.

Bis zum Zweiten Weltkrieg hatte in der Stuttgarter Markthalle die originale Figurengruppe von Bildhauer Ulfert Janssen überdauert, doch bei den Luftangriffen im Jahr 1944 wurde sie zerstört. Mehr als 60 Jahre fehlte die Schutzpatronin der Marktstände, bis sie zum 95-jährigen Jubiläum der Halle im Jahr 2009 wieder installiert wurde. Der Förderverein Alt Stuttgart hatte die detailgenaue Rekonstruktion des Keramikbrunnens in Auftrag gegeben, die Herbert Rauer aus Osnabrück nach historischen Zeichnungen und Fotos anfertigte.

Adresse Dorotheenstraße 4, 70173 Stuttgart-Mitte, www.markthalle-stuttgart.de | **ÖPNV**
U 1, U 2, U 4, U 5, U 6, U 7, U 12, U 15, Haltestelle Charlottenplatz | **Öffnungszeiten**
Mo – Fr 7 – 18.30 Uhr, Sa 7 – 16 Uhr | **Tipp** Viele Stuttgarter Brunnen werden heiß geliebt,
an anderen geht man achtlos vorüber. Die Stiftung Stuttgarter Brünnele kümmert sich um
alle, www.stiftung-stuttgarter-bruennele.de. Andreas Henseler dokumentiert in Text und
Bild die Stuttgarter Vielfalt, anzuschauen unter www.stuttgarter-brunnen.de.

12__ Das Clara-Zetkin-Haus

Sozialismus in Sillenbuch

Die 1857 in Sachsen geborene Sozialistin, Journalistin, Politikerin, Friedensaktivistin und Frauenrechtlerin wohnte lange mit ihrem zweiten Mann, dem Maler Georg Friedrich Zundel, in Sillenbuch, wenn auch nicht in dem seit 1972 nach ihr benannten Waldheim in der Gorch-Fock-Straße. 1890 war Clara Zetkin aus Paris nach Deutschland zurückgekehrt, nachdem der Vater ihrer beiden Söhne, der russische Revolutionär Ossip Zetkin, gestorben war. Baden-Württemberg war damals liberaler als Preußen, zudem fand sie in Stuttgart Arbeit. Hier gab sie von 1892 bis 1917 die sozialistische Frauenzeitschrift »Die Gleichheit« heraus und war als Übersetzerin für den Verleger Dietz tätig.

Das Haus in der Kirchheimer Str. 14 bezogen die vielfältig interessierte und begabte Frau und ihr 18 Jahre jüngerer zweiter Mann 1903. Das im Landhausstil errichtete Gebäude blieb rund zwei Jahrzehnte ihr gastfreundliches und weltoffenes Heim – zu Besuch kamen auch international bekannte Gäste, darunter Rosa Luxemburg und Lenin, mit denen sie eine lebenslange Freundschaft verband.

Zunächst aktiv in der SPD und deren Abspaltung, der USPD, trat Clara Zetkin 1919 der KPD bei und zog 1920 bis 1933 für die KPD ins Parlament ein. 1927 übersiedelte sie nach Berlin, 1933 starb sie im Exil in der Nähe von Moskau. Noch in ihrer Stuttgarter Zeit fand dort in der Liederhalle 1907 die erste Internationale Konferenz sozialistischer Frauen statt, und Zetkin wurde zur Vorsitzenden des Internationalen Frauensekretariats gewählt. Auf der zweiten Internationalen Konferenz, die 1910 in Kopenhagen stattfand, regte sie den Internationalen Frauentag an, an dem heute weltweit zu Aktionen aufgerufen wird. Der heute auch Weltfrauentag genannte Gedenk- und Protesttag wird jährlich am 8. März begangen. Nachdem er im Dritten Reich verboten und durch den Muttertag als offiziellen Feiertag ersetzt worden war, rückte der Frauentag erst mit der Frauenbewegung der 1970er Jahre wieder stärker ins Bewusstsein.

Adresse Waldheim Sillenbuch, Gorch-Fock-Straße 26, 70619 Stuttgart-Sillenbuch, www.waldheim-stuttgart.de | **ÖPNV** U 7, U 8, U 15, Haltestelle Silberwald | **Öffnungs-zeiten** Di – Do 11 – 22 Uhr, Okt. – März nur bis 21 Uhr | **Tipp** Solche Waldheime, zu Beginn des 20. Jahrhunderts als Erholungsstätten für Arbeiter am Rand der Großstadt im Grünen eingerichtet, gab es unter anderem auch in Heslach, Zuffenhausen und Wangen. Das Waldheim in Gaisburg konnte 2011 seinen 100. Geburtstag feiern, www.waldheim-gaisburg.de.

13 Die Dachterrasse

Wo die Musik spielt

Wäre er nicht pastellgelb, er könnte durchaus der wehrhafte Wachturm einer mächtigen Burg sein. Und tatsächlich, oben gibt es einen Ausguck! Klassische Musik verbindet man dagegen nicht unbedingt mit Türmen, und doch dringen regelmäßig Bach und Beethoven aus dem markanten, knapp 50 Meter hohen Bauwerk an der Kulturmeile. Im Bauch des runden Riesen liegt der große Konzertsaal der Musikhochschule, in dem Studierende und Dozenten den Gästen ein abwechslungsreiches Programm präsentieren – fast täglich finden Konzerte statt, und bei »Hock am Turm«, dem Sommerfest der Musikhochschule Ende Juni, auch draußen zu Füßen des Turms.

Seine Dachterrasse ist weit weniger bekannt, fast noch ein Geheimtipp. Tagsüber ist die Aussichtsplattform per Aufzug und Treppe zugänglich. Oben geben die runden und rechteckigen Maueröffnungen portionierte Blicke auf die Innenstadt frei. Der Entwurf stammt von den Architekten James Stirling und Michael Wilford, die in den 1990er Jahren die gesamte Hochschulanlage konzipierten.

Die »Staatliche Hochschule für Musik und Darstellende Kunst Stuttgart« wurde 1857 gegründet und ist damit die älteste und mit fast 800 Studierenden auch die größte Musikhochschule in Baden-Württemberg. Als Teil der Kulturmeile ist sie nicht nur als Hochschule, sondern auch als Konzertveranstalter für Stuttgart und die Region von großer Bedeutung sowie weltweit als Zentrum für Kirchenmusik und das konzertante Orgelspiel bekannt.

Ihr Schatz ist die einzigartige Orgelsammlung, die elf hochkarätige Instrumente umfasst. Jede Epoche und jede Region hat ihren eigenen Orgeltyp herausgebildet. Einmal monatlich gewährt eine Führung spannende Einblicke in die Geschichte des Orgelbaus und die Funktionsweise der »Königin der Instrumente«. Alle Instrumente werden angespielt, um so die unterschiedlichen Ausdrucksmöglichkeiten vorzustellen.

Adresse Musikhochschule Stuttgart, Urbanstraße 25, 70182 Stuttgart-Mitte, www.mh-stuttgart.de | **ÖPNV** U 1, U 2, U 4, U 5, U 6, U 7, U 12, U 15, Haltestelle Charlottenplatz | **Öffnungszeiten** April–Okt. 9–22 Uhr während des Hochschulbetriebs | **Tipp** Auch der Konzertsaal der Musikhochschule, in Rot, Hellblau und Goldgelb, ist sehenswert.

14__ Der Daumen

Blutsauger im Museum

Angesichts des Elefanten in der großen Halle und anderer riesiger Exponate wird man an den Stechmücken in einer der Vitrinen vielleicht fast achtlos vorübergehen. Der Zyklus der Stechmücke Culex pipiens wird – an einem vielfach vergrößerten Modell eines menschlichen Fingers – anschaulich gemacht.

Das Naturkundemuseum beschäftigt eine Mitarbeiterin eigens für die Präparation, und die geht über das Ausstopfen von Tieren weit hinaus: Auch das Erstellen von biologischen Modellen für die Ausstellung gehört zu den Aufgaben. Manch ältere Modelle des Museums gelten noch heute als Meisterwerke der Modellpräparation, nicht nur die gläserne Frau des Hygienemuseums Dresden, auch andere, teilweise schon historische Stücke definieren bis heute gültige Maßstäbe, etwa eine 1932 geschaffene, 50-fach vergrößerte Stubenfliege des Präparators Alfred Keller in Berlin. Die Herstellung war zum Teil so aufwendig, dass sie pro Modell bis zu einem Jahr in Anspruch nahm. Bis heute ist das Fertigen von Biomodellen ein Ausbildungsberuf mit dreijähriger Lehrzeit: Biomodelleure arbeiten mit verschiedenen Materialien wie Holz, Metall, Gips, Wachs oder Kunststoff und stellen Modelle von einzelnen Knochen, ganze Skelette, Organe, Pflanzen und Tiere in unterschiedlichen Maßstäben her. Inzwischen helfen computergenerierte 3-D-Modelle bei der Rekonstruktion von Sauriern und anderen Urzeitriesen. Sogar der Bewegungsablauf fossiler Lebewesen kann so simuliert werden, und auch die Knochen selbst müssen nicht mehr in aufwendiger Handarbeit gefertigt werden.

Da die fossilen Stücke, die bei Grabungen geborgen wurden, in der Regel viel zu spröde und zu zerbrechlich sind, um für die Ausstellung im Museum montiert zu werden, verwendet man Laserscanner und 3-D-Printer, um die Fundstücke zu replizieren: Innerhalb weniger Stunden lassen sich damit maßstabsgetreue Modelle der Knochen erstellen.

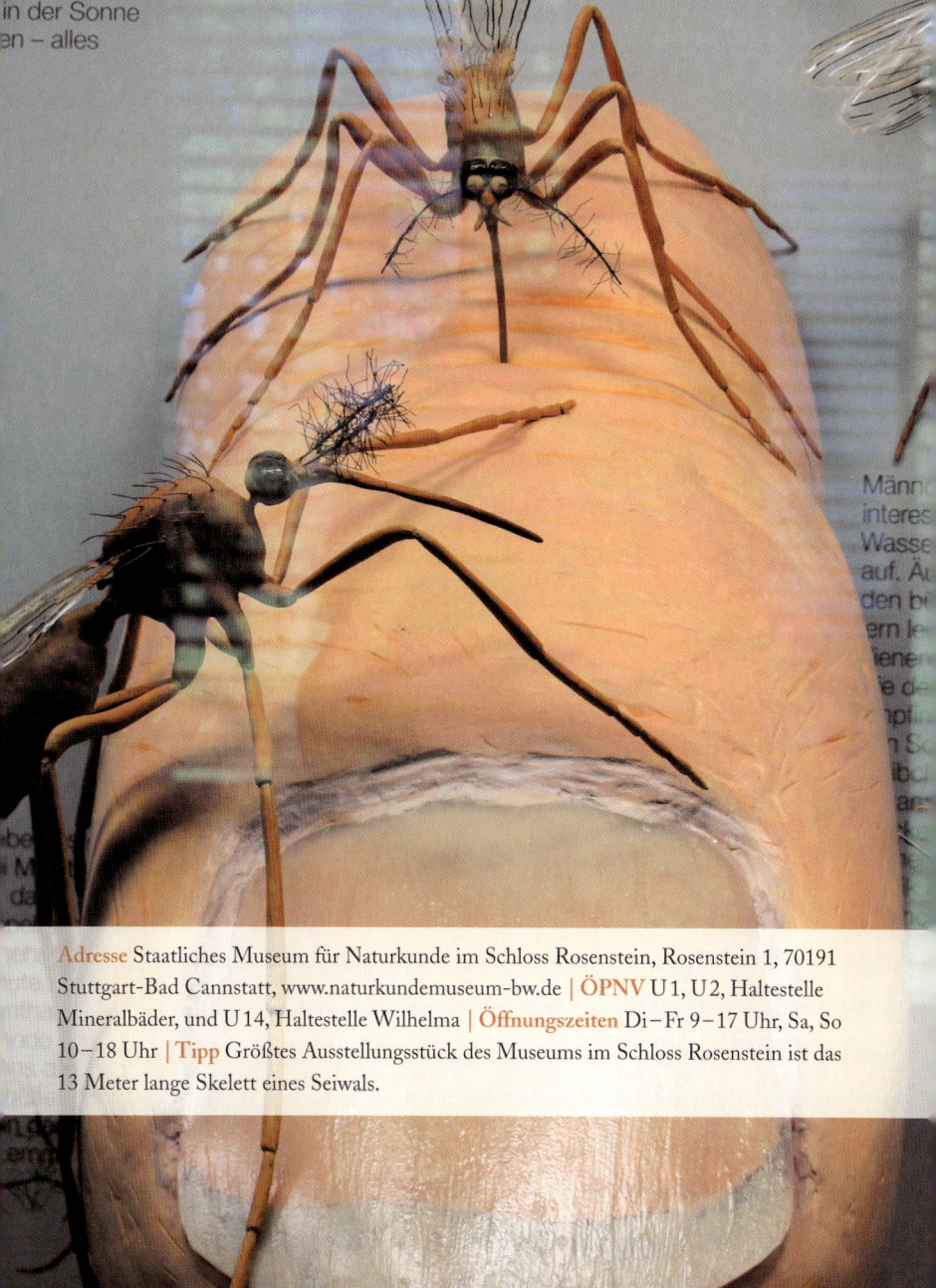

Adresse Staatliches Museum für Naturkunde im Schloss Rosenstein, Rosenstein 1, 70191 Stuttgart-Bad Cannstatt, www.naturkundemuseum-bw.de | **ÖPNV** U 1, U 2, Haltestelle Mineralbäder, und U 14, Haltestelle Wilhelma | **Öffnungszeiten** Di – Fr 9 – 17 Uhr, Sa, So 10 – 18 Uhr | **Tipp** Größtes Ausstellungsstück des Museums im Schloss Rosenstein ist das 13 Meter lange Skelett eines Seiwals.

15__ Der Dautenfels

Die Stubensandsteinbank bei Obertürkheim

Zwischen Ober- und Untertürkheim erstreckt sich einer der größten Weinberge Stuttgarts, der die Lagebezeichnung »Altenberg« führt. Schon die Wanderung hinauf ist ein Erlebnis. Am besten folgt man vom S-Bahnhof Obertürkheim aus der Uhlbacher Straße nach Norden aufwärts bis zur Abzweigung der Kirchsteige, in die man nach links einbiegt. Dort thront auf der rechten Seite die spätgotische Petruskirche inmitten eines kleinen Friedhofs. Über die Treppe steigt man zum Kirchhof hinauf, verlässt ihn auf der anderen Seite wieder und erreicht die ersten Rebstöcke. Nun hält man sich an den linken, am Hang entlangführenden Weg und kann schon inmitten der Weinberge den markanten Dautenfels ausmachen.

Anfang der 1970er Jahre wurden dort 34 Hektar zur Rebflurbereinigung neu »geordnet«, was die Landschaft durch Planierung und Erdauffüllungen völlig veränderte. Staffeln, Weinberghäuschen und Trockenmauern wurden entfernt und Klingen verfüllt, das Gelände geebnet und mit Rebstöcken bepflanzt. Nur der Dautenfels blieb als ökologische Insel inmitten der Weinhänge erhalten und ist heute als geologisches Naturdenkmal ausgewiesen. Von dem Fels aus Stubensandstein aus hat man einen reizvollen Blick auf den Stuttgarter Hafen, die Wangener Höhe und das Neckartal.

Schilfsandstein, Bunter Mergel, Gipskeuper, Muschelkalk – der Stuttgarter Untergrund besteht aus vielen Gesteins- und Bodenschichten. Der Stubensandstein war eines der wichtigsten Baumaterialien des Mittelalters. Seinen Namen verdankt er den mürberen Schichten, aus denen Sand zum Bestreuen der Holzböden entnommen wurde. Denn »Stubensand« wurde als Scheuer- und Putzmittel für heimische Wohnstuben genutzt.

Als sogenannter Stufenbildner hat der Stubensandstein großen Einfluss auf das Aussehen der Landschaft, die sich nach wie vor permanent verändert: Da der Dautenfels auf Tonsteinen lagert, bewegt er sich ganz allmählich zu Tal.

Adresse zwischen Ober- und Untertürkheim in den Weinbergen, 70329 Stuttgart | **ÖPNV** S1, Haltestelle Obertürkheim | **Tipp** Das Theaterkostümhaus Wagner in der Stubaier Straße 39 in Untertürkheim verleiht Abendkleider, Smokings, Perücken und historische Kostüme. Das Familienunternehmen wird schon in der vierten Generation geführt.

16 — Die drei Mohren

Fassadenkunst am Fachwerkhaus

Im Mittelalter war es allgemein üblich, Häusern Namen zu geben, Hausnummern wurden erst viel später eingeführt. Ein beliebter Name für Gasthäuser, ob in Augsburg oder Ettlingen, in Leutkirch oder im Pfaffenwinkel, war über Jahrhunderte der Mohr oder gleich drei Mohren. Auch Brauereien von Schwäbisch-Gmünd bis Dornbirn führten Mohren in Namen und Wappen. Seit dem Mittelalter bezeichnete man Menschen mit dunkler Hautfarbe als Mohren oder auch als »schwarze Mohren« im Gegensatz zu den arabisch-muslimischen Mauren. Doch bezog sich die Bezeichnung eher auf dunkelhäutige Äthiopier denn auf Schwarzafrikaner. In Augsburg etwa heißt es, drei legendäre dunkelhäutige Mönche aus Abessinien seien auf ihrer Reise zurück in den Süden aufgrund einer strengen Frostperiode gezwungen gewesen, in der Stadt zu überwintern. Im Frühjahr darauf habe der Wirt die Konterfeis seiner drei Gäste auf eine Tafel malen lassen.

Allerdings beruhen Darstellungen von »Mohren« nördlich des Alpenraums selten auf tatsächlichen Begegnungen, weit eher auf Reisebeschreibungen und überlieferten Darstellungen. Vermutlich dachte man bei der Benennung von Gasthäusern und Brauereien wohl öfter an den Dunkelhäutigen der Heiligen Drei Könige. Denn die biblischen Könige, deren Reliquien 1164 nach Köln überführt wurden, gelten auch als Patrone der Reisenden – und der Dunkelhäutige war der Populärste der drei. Neben Gasthausnamen wie »Mohr« oder »Zum schwarzen Mann« sind möglicherweise auch Stern und Krone der Verehrung der drei Könige geschuldet.

Die denkmalgeschützte Fachwerkfassade, an der die drei Stuttgarter Mohren angebracht sind, war bis in die 1970er Jahre in der Friedrichstraße 37 zu Hause. Zugunsten von Neubauten wurde sie abgebaut und in der Pfarrstraße 23 wieder errichtet. Von ihrem Platz über dem nach ihnen benannten Restaurant blicken die Mohren nun auf dessen Außenterrasse.

Adresse Pfarrstraße 23, 70182 Stuttgart-Mitte, www.dreimohren-stuttgart.de | **ÖPNV** U 1, U 2, U 4, Haltestelle Rathaus | **Tipp** Sehenswert in der Nachbarschaft sind die Dauerausstellung zum Humanisten Johannes Reuchlin in der Leonhardskirche und das Jugendstilfoyer im Gustav-Siegle-Haus.

17 Der Eichenhain

Naturschönheiten im Hütewald

Was so urwüchsig wirkt, entstand durch den Eingriff des Menschen. Der etwa 34 Hektar große Wald bei Sillenbuch mit rund 200 Jahre alten Eichen – die ältesten unter ihnen sind sogar bis zu 400 Jahre alt – wurde schon Ende der 1950er Jahre als Naturschutzgebiet ausgewiesen. Doch der Eichenhain ist nicht nur aufgrund seines einzigartigen Baumbestands sehenswert, sondern auch als kulturhistorisches Zeugnis früherer Wirtschaftsformen.

In seiner heutigen Form – Einzelbäume wechseln mit Baumgruppen, Magerrasen und Wiesenflächen – erkennt man noch die einstige Nutzung als Hütewald, auch Hutewald oder Hutung genannt. Vor allem Schweine, aber auch anderes Nutzvieh wie Schafe, Ziegen, Rinder und Kühe wurden in den Weidewald getrieben, um sich dort Futter zu suchen. Solche Hutweiden waren oft gemeinschaftlicher Besitz. Ein Steinwall oder Wildzaun diente wohl zur Abgrenzung der Weide von den bebauten Feldern, später wurde eine Hainbuchenhecke als Einfriedung gepflanzt. Im Lauf der Zeit entstand so ein lichter, offener, fast parkartiger Wald mit wenig Unterholz. Weil Eicheln, Bucheckern und junge Triebe vom Weidevieh abgefressen wurden, wuchsen kaum junge Bäume nach. Ab 1770 war der Eichenhain Teil des von Herzog Carl Eugen angelegten Hofguts Kleinhohenheim und diente zeitweise als Fohlenweide.

Im 19. Jahrhundert wurden Waldweiden verboten, um die fortschreitende Zerstörung der Wälder aufzuhalten. Dahinter stand keine frühe Form von Naturschutz, sondern ökonomische Gesichtspunkte: Wegen des steigenden Holzbedarfs der wachsenden Bevölkerung war das Weiderecht schon zuvor allmählich eingeschränkt worden – die Württembergische Forstordnung erließ Bestimmungen zur Waldverjüngung, damit diese möglichst hohe Erträge abwarfen. Bei Sillenbuch blieben die Eichen stehen. Würden hier heute noch Schweine weiden, gälte ihr Fleisch dank der Eichelmast als Delikatesse.

Adresse Eichenparkstraße, 70619 Stuttgart-Riedenberg | **ÖPNV** U 7, U 8, U 15, Bus 65, Haltestelle Riedenberg | **Tipp** Ein bedeutender Ort der Stuttgarter Arbeiterbewegung war das einstige Wohnhaus von Clara Zetkin in Sillenbuch (siehe Seite 32).

18 Die Einkaufspassage

Königsbau reloaded

Was wie ein übergroßer griechischer Tempel in klassizistischer Ausführung wirkt, diente schon von Beginn an dem Kommerz. Hinter den ionischen Säulen der 135 Meter langen Kolonnade verbirgt sich eines der ältesten erhaltenen Geschäftshäuser Stuttgarts, das zum Vorläufer moderner Einkaufspassagen und Kaufhäuser wurde.

Vom württembergischen Königshaus Mitte des 19. Jahrhunderts in Auftrag gegeben, sollte der Königsbau als Basarhaus dienen, erhielt aber auch einen Festsaal für repräsentative Anlässe. Das originale, von den Architekten Christian Friedrich Leins und Johann Michael Knapp entworfene Passagengebäude wurde 1944 bei den Luftangriffen auf die Stadt zerstört. Beim Wiederaufbau der »schwäbischen Akropolis« Ende der 1950er Jahre errichtete man auch die korinthischen Säulenportiken an Front und Gebäudeseiten wieder, rekonstruierte aber nicht alle Details des Vorläufers.

An der Rückseite des denkmalgeschützten Bauwerks entstand auf dem ehemaligen Postareal mit den Königsbau-Passagen eine moderne Erweiterung. Auf einer der teuersten Lagen Stuttgarts baute ein Berliner Büro für Hamburger Investoren das millionenteure Projekt. Die beiden Architekten Rainer Hascher und Sebastian Jehle, für den gläsernen Kubus des benachbarten Kunstmuseums viel beachtet und hochgelobt, sehen die neue Einkaufspassage als »Teil der umfassenden städtebaulichen Neuordnung der Stuttgarter Innenstadt«.

Eine geschwungene Glasfläche überdacht die 2006 eröffnete Shoppingmall. Das mehrgeschossige Atrium darunter bildet das Zentrum der Anlage, rundherum wurden rund 27.000 Quadratmeter Einzelhandelsfläche gruppiert. Dieser dominante Teil des Baus, der seine Größe ansonsten unauffällig hinter dem Königsbau versteckt, ist inzwischen ein markanter Punkt des Stadtbilds – das gewölbte Glasdach überragt die umliegenden Bauten und erstrahlt nachts hell erleuchtet.

Adresse Königstraße 28, 70173 Stuttgart-Mitte, www.koenigsbau-passagen.de | **ÖPNV** U 5, U 6, U 7, U 15, Haltestelle Schlossplatz | **Öffnungszeiten** Mo–Sa 10–20 Uhr | **Tipp** Bei Marthas im Erdgeschoss des Königsbaus gibt es Currywurst aus dem Fleisch des Schwäbisch-Hällischen Landschweins, www.marthas-stuttgart.de.

19__Die Engelburg
Mäuerchen aus dem Mittelalter

Nicht mal einen halben Meter hoch sind die Mauern auf der Anhöhe über Mühlhausen, um die zwei Meter breit und mit etwas Grün bewachsen. Was das Geviert für eine Funktion hat, erschließt sich nicht unmittelbar – Sitzmäuerchen, um die herrliche Aussicht auf Hofen am anderen Ufer des Neckars zu genießen? Tatsächlich handelt es sich um die Grundmauern der Engelburg. Ab 1260 wurde auf der Bergkuppe oberhalb des Feuerbachtals eine neue Burg erbaut – möglicherweise anstelle einer noch älteren Festung, die für die Zeit um 700 in einem der ältesten Dokumente Württembergs belegte Alamannenburg. Wie die gegenüberliegende Burg in Hofen diente sie zur Sicherung der Neckarfurt. Rund 40 Burgen soll es einst auf Stuttgarter Stadtgebiet gegeben haben. Die meisten entstanden im 12. Jahrhundert und dienten zur Kontrolle eines Handelswegs. Schon der Standort auf der Anhöhe bot der Engelburg einen gewissen Schutz, verstärkt durch die Ummauerung der Anlage und einen um die zwölf Meter breiten Graben, der wohl in den 1950er Jahren aufgefüllt wurde, als man die Grünfläche anlegte.

Zerstört wurde die Engelburg, als sich die Reichsstädte Reutlingen, Rottweil, Schwäbisch Gmünd und Esslingen verbündeten und in den Jahren 1311/12 gegen den Grafen Eberhard I. von Württemberg den »Reichs- und Städtekrieg« führten.

Weil Baumaterial kostbar und begehrt war, wurden viele zerstörte oder verlassene Burganlagen in späteren Jahren abgetragen und von der Bevölkerung quasi als Steinbruch genutzt. Auf diese Weise verschwanden die meisten Stuttgarter Burgen aus dem Stadtbild. Die Engelburg dagegen wurde zunächst wiederaufgebaut, was durch Kupferstiche dokumentiert ist. Ende des 17. oder Anfang des 18. Jahrhunderts erneut niedergebrannt, wurde sie danach fast vollständig abgetragen. Ihren Namen soll sie dem Ritter Engelbold von Kaltental verdanken, im 16. Jahrhundert Besitzer von Burg Mühlhausen.

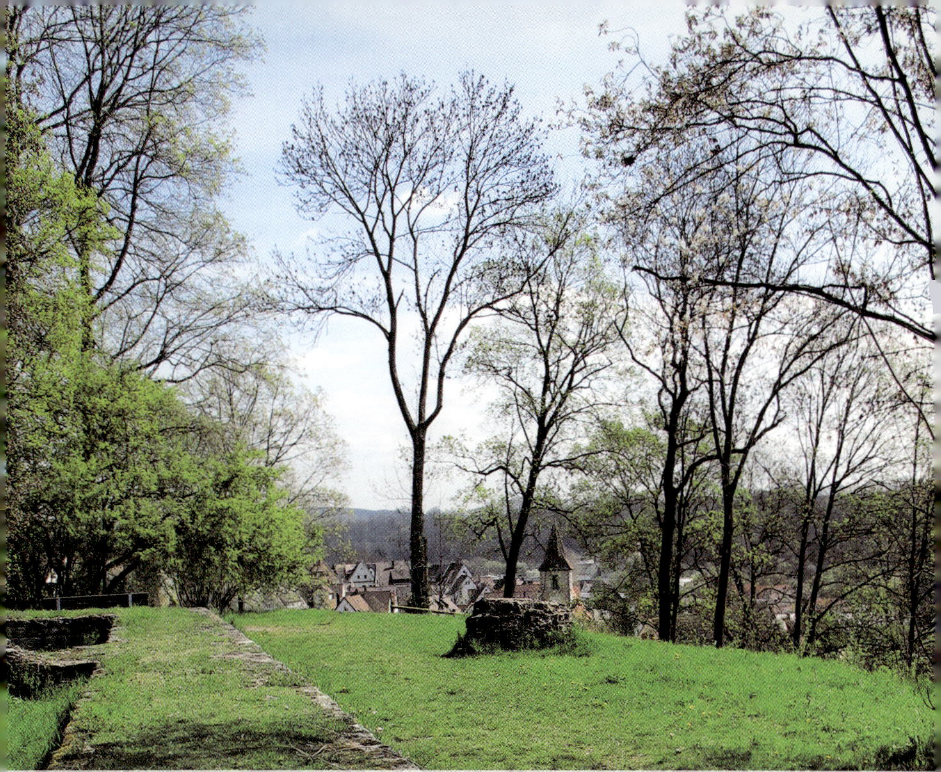

Adresse Schlosswiesenweg, 70378 Stuttgart-Mühlhausen | ÖPNV U 14, Haltestelle Mühlhausen | Tipp Von der Heidenburg in Mühlhausen sind noch Ringmauerreste erhalten, in Hofen künden sogar noch imposante Mauern von der einstigen Burg (siehe Seite 28).

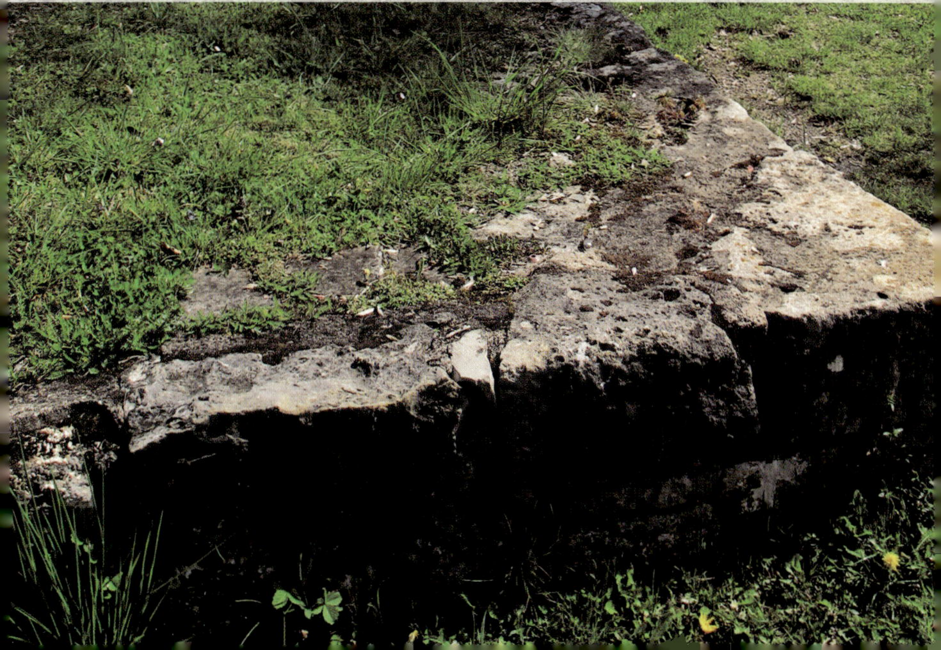

20___Der Entaklemmer
Knicker ond Knauser ond Furzklemmer

Trotz ihrer berüchtigten Maulfaulheit können die Schwaben beneidenswert herrlich schimpfen. Denn das ist im Ländle ein Grundrecht. In dieser oft so betulich klingenden Sprache lassen sich auch bittere Wahrheiten so direkt wie humorvoll ausdrücken. Im Dialekt gewinnen sogar Grobheiten deutlich an Charme. Der Fundus an »Schimpfwörtereien« ist schier unerschöpflich: »Zuaknöpft, entressiert, p'häb, knauserig, knickig, filzig, schäbig« – so lustvoll kann sprachschöpferische Betätigung sein.

»Thaddäus Trolls schwäbische Schimpfwörterei« enthält noch mehr solcher Beispiele: Vom »Affadackel« bis zum »Zwetschger« hat er 365 Schimpfwörter erklärt und kommentiert – derbe und herabsetzende ebenso wie freundlich-gutmütige ... für jeden Tag eins.

Unter dem Pseudonym Thaddäus Troll veröffentlichte der in Bad Cannstatt geborene Schriftsteller Hans Bayer (1914–1980) seine literarischen Arbeiten. Ein harmloser Heimatdichter war er nie, sondern messerscharf analysierend, ob als Redakteur des Satiremagazins »Das Wespennest« oder Journalist für den Spiegel, als Kabarett-Texter oder Kritiker.

In seinem Geburtsort sitzt seine berühmteste Figur, 1984 von Elke Krämer aus Bronze geschaffen, auf einem Bänklein vor dem Klösterle. »D'r Entaklemmer« stammt aus einem Lustspiel, das der Dichter, inspiriert von Molières »Geizigem«, nach Stuttgart und ins Jahr 1875 verlegte. Das Mundartstück gilt als bildkräftiges schwäbisches Meisterstück und treffsichere Parabel über Habgier, Raffsucht und Knauserei. Als Geizkragen presst der »Entenklemmer« dem Tier vor dem Verkauf auf dem Markt noch schnell ein Ei ab, um es selbst zu behalten.

Der Teufel solle den Geiz und alle Geizhälse holen, flucht der entlassene Hausknecht Gottlieb im Theaterstück, und »älle Knicker ond Knauser ond Furzklemmer. Älle, wo so p'häb sent, dass se en Furz verhebet, bis zwoi draus werdet.«

Adresse Thaddäus-Troll-Platz, 70372 Stuttgart-Bad Cannstatt | ÖPNV U 1, U 2, S 1–S 3, Haltestelle Wilhelmplatz-Bad Cannstatt | Tipp Im Klösterle-Brunnen aus dem Jahr 1870, einem großen gusseisernen Trog mit reich verzierter Säule, sprudelt Trinkwasser der Keller-brunnenquelle.

21___Eszet

Die ehemalige Schokoladenfabrik

Nur die Haltestelle heißt noch so. Wo heute Bettwäsche und Frottiertücher verkauft werden, produzierte einst die Firma Eszet Schokoladentafeln. Seit der Automobilbau und seine Zulieferer den führenden Industriezweig in und um Stuttgart bilden, ist ziemlich in Vergessenheit geraten, dass die Stadt neben Köln, Dresden und Berlin einst eines der Zentren der Schokoladenherstellung war.

Das größte hier ansässige Unternehmen der Branche, die Schokoladenfabrik Moser-Roth, gab anno 1910 über 500 Menschen Arbeit. Weitere Namen aus der Region sind Waldbaur, Haller und Buck oder der Eiskonfektproduzent Friedel. Zu den jüngsten Firmen in diesem Reigen gehört Ritter, 1912 in Cannstatt gegründet. Das Unternehmen stellte zunächst die Marke Alrika her und verlagerte 1930 den Betrieb nach Waldenbuch. Insgesamt soll diese Branche in ihrer Blütezeit in Stuttgart mehr als 1.000 Menschen Arbeit gegeben haben, sagen Historiker.

Schon seit den 1830er Jahren produzierten in Stuttgart etliche Betriebe Schokolade und Kakao. 1857 gründeten Konditor Ernst Staengel und Karl Ziller ihre Firma, Ende des 19. Jahrhunderts zog das expandierende Unternehmen aus dem Stadtzentrum nach Untertürkheim um. 1904 wurde »Eszet« (nach den Initialen der Gründer) beim Kaiserlichen Patentamt in Berlin als Warenzeichen eingetragen.

Die Firma stellte Osterhasen und Zuckerstangen, Bonbons und Schokolade in Tafelform her – und propagierte »Schokolade aufs Brot«, noch bevor es Nutella gab. Unter dem Namen Eszet-Schnitten wurde der süße Brotbelag seit 1933 für »zünftige Schokoladen-Esser« produziert und mit Slogans beworben wie »Sei zu Dir und andern nett: Schenke Freude mit Eszet«. Heute gibt es die Täfelchen noch immer, doch seit Mitte der 1970er Jahre nur noch von der Kölner Firma Stollwerck, die wiederum längst zum Schweizer Konzern und Marktführer Barry Callebaut gehört.

Eszet

Adresse Augsburger Straße 275, 70327 Stuttgart-Untertürkheim | **ÖPNV** U 13, Haltestelle Eszet | **Tipp** Der Fabrikverkauf von Ritter Sport in der Alfred-Ritter-Straße im 23 Kilometer entfernten Waldenbuch bietet das komplette Sortiment an.

22 __ Der exotische Garten

Echt antike Bäume und falsche antike Trümmer

Mit zwei Stuttgarter Freunden, dem Bildhauer Dannecker und dem Kaufmann und Kunstkenner Rapp, besuchte Friedrich Schiller Schloss Hohenheim. Als Ästhetik-Theoretiker interessierte ihn die Gartenkunst in der Auseinandersetzung zwischen französischer Achsensymmetrie und englischem Landschaftspark – er beurteilte allerdings beide Stilideale kritisch, das eine Prinzip erschien ihm zu formal, das andere zu regellos.

Seine Eindrücke thematisierte der Dichter später in der Rezension »Über den Gartenkalender auf das Jahr 1795«, in der er den Hohenheimer Park als »eine glückliche Mischung« aus »ländlicher Simplicität« und »versunkener städtischer Herrlichkeit« bewundert. Goethe dagegen nannte ihn »eine merkwürdige Erscheinung«, ihm missfielen die Ruinenversatzstücke, die kulissenhaft das Landleben inszenierten, wie es damals Mode war.

Herzog Carl Eugen hatte ab 1776, inspiriert von einer Englandreise, für Franziska von Hohenheim exotische Hölzer anpflanzen und einen Landschaftsgarten anlegen lassen – mitsamt zahllosen sonderbaren Ruinen. In über 60 Gartenarchitekturen, darunter im Maßstab 1:4 verkleinerte Rokokobauten und nachgebildete antike Trümmer, sollte der »Triumph tugendhaften Landlebens über die Sittenverderbnis des untergegangenen Roms« in Szene gesetzt werden. Das durchaus berühmte »Englische Dörfle« wurde aber neben Goethe auch von anderen Zeitgenossen kritisiert.

Nach Carl Eugens Tod verfiel die Anlage, später wurde sie Teil des landwirtschaftlichen Instituts, aus dem die Universität Hohenheim hervorging, und verwandelte sich allmählich in eine Baumschule: Das Landesarboretum sammelt interessante Gehölze und stellt Pflanzenmaterial für Forschung und Lehre bereit. Aus der Zeit Carl Eugens stammen noch mehr als ein Dutzend Bäume sowie drei historische Bauwerke – Spielhaus, Römisches Wirtshaus und die Säulen des donnernden Jupiters.

Boraginaceae - Boretschgewächse

Omphalodes verna
Moench

Gedenkemein

Südliches Europa

Adresse Schloss Hohenheim, 70599 Stuttgart-Hohenheim, www.uni-hohenheim.de/gaerten | **ÖPNV** U 7, Haltestelle Ruhbank, dann Bus 70, Haltestelle Universität Hohenheim | **Tipp** Vom Schlosspark zum Botanischen Garten führt die »Jägerallee«, gesäumt von über 200 Jahre alten italienischen Pappeln. Im »Tannenzapfenzimmer« im Schloss zeigt der umlaufende Stuckfries wohl eher Hopfendolden oder Artischockenblüten.

23 Das Fährhaus

Am Wasser gebaut

Wo heute die mächtige Schleuse, eine von insgesamt 27 Staustufen des Neckars, zwischen Hofen und Mühlhausen den Wasserstand reguliert, setzte einst ein Fährbetrieb Mensch, Vieh und Lasten über. Um 1350 erstmals erwähnt, wurde die Verbindung bis in die 1930er Jahre aufrechterhalten. Das zierliche Fährhäuschen aus Stein und Fachwerk, 1813 erbaut, steht noch immer. An seinem steinernen Türrahmen zeigen Markierungen frühere Hochwasserpegel an und machen deutlich, was solche Naturkatastrophen in vergangenen Jahrhunderten für den Ort bedeutet haben müssen.

Vor allem zur Schneeschmelze oder nach heftigen Regengüssen drohte Gefahr. »Ein Hutvoll Regen führt auf dem Neckar zu Hochwasser und ein Korbvoll zu einer Überschwemmung«, erfuhr Mark Twain bei seinem »Bummel durch Europa«. Die oft verheerenden Überschwemmungen versetzten die Neckaranrainer immer wieder in Angst und Schrecken. 1524 mussten viele Einwohner Cannstatts ihre Wohnungen verlassen, auch 1778, 1824, 1851 und in weiteren Jahren forderte der reißende Fluss Menschenleben, ertränkte Vieh, verwüstete Häuser, Äcker, Obstgärten und Wiesen. Heute kündigt die Hochwasservorhersagezentrale Baden-Württemberg steigende Pegel zumindest rechtzeitig an.

In den 1920er Jahren wurde nach langen Vorplanungen der Ausbau des Neckars in Angriff genommen. »Eines ist gewiss: Ein Stück Romantik ist dahin«, mit diesen Worten hatte Theodor Heuss Ende der 1950er Jahre den Neckarhafen in Untertürkheim eröffnet. Mit dem Bau des Hafens, der Staustufen und der Kanalisierung wurde der Fluss zur »Bundeswasserstraße« und seine Ufer zur Industrielandschaft.

Ende des 19. Jahrhunderts dagegen hatte Mark Twain noch geschwärmt: »Deutschland im Sommer ist die Vollendung des Schönen.« Nur wer »auf einem Floß den Neckar hinuntergefahren« sei, habe diese Schönheit wirklich ausgekostet.

Adresse Scillawaldstraße, 70378 Stuttgart-Hofen | **ÖPNV** U 14, Haltestelle Hofen | **Tipp** Im Zuge des Neckarausbaus entstanden bis Anfang der 1930er Jahre die Staustufen Cannstatt und Hofen mit Wehr und Schleusen. An den hiesigen Beispielen eigenständiger Kraftwerksarchitektur soll auch Paul Bonatz beratend beteiligt gewesen sein, der Architekt des Stuttgarter Hauptbahnhofs.

24_ Das Feuerwehr-Museum
Oldtimer mit Blaulicht

Dass in Stuttgart das Automobil hoch im Kurs steht und auch Oldtimer gehegt und gepflegt werden, muss wohl kaum näher erläutert werden. Die Fahrzeugparade im Erdgeschoss des historischen Feuerwehr-Museums aus dem Jahr 1906 ist aber doch etwas ganz Besonderes. Blank geputzt blitzt hier nicht nur der Daimler-Stern, auch das Magirus-Logo – die stilisierte Silhouette des Ulmer Münsters in Kombination mit einem M – prangt unübersehbar auf den Karosserien. Die historischen Löschfahrzeuge stammen teilweise noch aus den 1930er und 1940er Jahren, daneben sind ein Feuerwehrkran, ein Spezialrüstwagen und eine Gelenkmastbühne zu sehen, die fast alle bei der Feuerwehr Stuttgart im Dienst standen.

Die Ausstellung dokumentiert die Entwicklung der Brandbekämpfung von den Anfängen des organisierten Löschens von Bränden, wie es in den herzoglichen und königlichen Feuerordnungen festgelegt war, über die Gründung der Freiwilligen Feuerwehr Stuttgart bis zur Einrichtung der heutigen Berufsfeuerwehr. Bereits im Jahr 1492 erließ Graf Eberhard im Bart die erste Stuttgarter Feuerordnung mit Instruktionen zum Verhindern und Löschen von Bränden.

Was gibt's hier sonst? Natürlich Feuerwehruniformen, Feuerwehrhelme, Feuereimer aus Segeltuch oder Leder, Feuerlöscher und motorisierte Feuerlöschpumpen, verschiedene Feuermelder, tragbare und fahrbare Feuerwehrleitern aller Art. Außerdem zeigt das Museum historische Exponate wie Handdruckspritzen unterschiedlicher Bauart und Fabrikate, Strahlrohre und Schläuche, Hydrantenwagen und Schaumlöschgeräte. Auch die Bergung von Unfallopfern ist Aufgabe der Feuerwehr: Atemschutz-, Wiederbelebungs- und Wasserrettungsgeräte machen die Entwicklung der Lösch- und Rettungstechnik nachvollziehbar. Orden, Ehrenzeichen und vieles mehr gewähren zusätzlich Einblicke in die Geschichte der Stuttgarter Feuerwehr und den gefährlichen Job der Brandbekämpfer.

Adresse Murgtalstraße 60, 70376 Stuttgart-Münster, www.stuttgarter-feuerwehrmuseum.de | **ÖPNV** U 14, Haltestelle Münster Rathaus | **Öffnungszeiten** jeden 1. Sa und 3. So im Monat 10–16 Uhr | **Tipp** Im Feuerwehrhaus Untertürkheim in der Hindelanger Straße 6 befindet sich ein Feuerwehrhelm-Museum.

25_Das Fleck & Schneck

Stuttgarts kleinste Espressobar

Achtung! Hier verlässt man das Ländle und betritt Italien. Oder wird im Fleck & Schneck der Espresso-Äquator überschritten? Jedenfalls nennt man sich mit echt italienischem Akzent Caffè Bar, und auf die Karte hat Heiko Fleck selbstverständlich auch Tramezzini und andere typische Snacks sowie Dolce gesetzt. Nur zehn Sitzplätze hat die kleine, sich südländisch gebende Bar am Tagblatturm, und weil es hier den besten Espresso der Stadt geben soll, drängeln sich die Gäste auch schon mal in der zweiten Reihe. Und wie bei seinen römischen Vorbildern fungiert das Fleck & Schneck morgens als Café, tagsüber als Bistro, und nach Einbruch der Dunkelheit verwandelt sich das beliebte Lokal in eine Bar.

Gleich nebenan betreibt Senior Otfried Fleck einen Friseurbetrieb; die Ha.bar im Keller hat der Junior mit aus der Taufe gehoben. Von Donnerstag bis Samstag wird das historische Gewölbe zur angesagten Szenebar. Für den Ausschank hat der rührige Jungunternehmer zudem auch noch zwei alkoholfreie Erfrischungsgetränke erfunden. Zitronenstolz und Südkola heißen die naturtrübe Biolimonade und die koffeinhaltige Brause, die herber und weniger süß schmeckt als ihr amerikanisches Vorbild.

Mit Freund Timo Wagner hat Heiko Fleck eine Firma gegründet, die unter dem Motto »Zischt immer« eigene Limonade abfüllt und auch an einige andere Lokale und Supermärkte vertreibt. Ihre Produktion wollen die Selfmade-Männer auch als Engagement für eine nachhaltige Lebensweise und gegen den Trend zur Massenware verstanden wissen. Zwar ist Heiko Fleck inzwischen aus Zeitgründen aus dem Projekt ausgestiegen, doch im »Südkola Limonadenwerk« stehen regionale Produktion und Qualität weiterhin an erster Stelle. Zitronenstolz wird ausschließlich aus Zutaten ökologischer Erzeugung hergestellt, und auch die Südkola setzt auf natürliche Aromen. Bei Kolakult, einem Forum von und für Cola-Fans, gab's dafür im Geschmackstest vier Sterne.

Adresse Torstraße 27, 70173 Stuttgart-Mitte, www.caffe-bar.com | **ÖPNV** U 1, U 2, U 4, Haltestelle Rathaus | **Öffnungszeiten** Fleck & Schneck Mo–Do 8.30–1 Uhr, Fr 8.30–2 Uhr, Sa 10–3 Uhr, So 16–24 Uhr; Ha.bar Do 20.30–1 Uhr, Fr 21–2 Uhr, Sa 21–3 Uhr | **Tipp** Das Kaufhaus gegenüber an der Ecke zur Eberhardstraße besitzt an der Fassade noch sogenannte »Hortenkacheln«, von Egon Eiermann entworfen und heute mancherorts unter Denkmalschutz stehend.

26_Das Freilichttheater

Räuber im Bopserwald

Die Theaterkulisse wurde von der Natur erschaffen. Doch die Bühne in einer Mulde mitten im Wald wird nicht mehr bespielt. Sommer für Sommer fanden hier zwei Jahrzehnte lang unter freiem Himmel Aufführungen statt: Im Juni 1913 wurde das Saisontheater im Weißtannenwald mit der Aufführung von Friedrich Schillers »Die Räuber« eröffnet.

Zwar zeigt eine Informationstafel auf einem Plan die genaue Lage, doch hat sich die Natur schon so lange ihr Terrain zurückerobert, dass man die Zuschauerränge nur mit viel Phantasie noch erkennen kann. Eigentlich deutet außer dem 1932 aufgestellten Schillerstein nichts mehr auf die einstige Einrichtung hin. Eine willkürliche Verfügung stoppte 1934 den Spielbetrieb im Wald, und zwei Jahre später wurde das Theater abgebrochen.

Ausgangspunkt für einen Spaziergang hierher ist die Haltestelle »Stelle« der Stadtbahnlinie U 15. Sie verdankt ihren Namen einer Tränke, die dem Vieh zugleich als Lagerplatz diente – bis ins 19. Jahrhundert wurde das Gebiet als Waldweide genutzt (siehe Seite 42). Von der befahrenen Jahnstraße geht es auf dem Olgaweg in den Wald hinein, der Weg zum Freillichttheater ist ausgeschildert.

Der Gedenkstein und auch das einstige Theater wurden errichtet, um die Erinnerung an eine historische Stätte wachzuhalten: Denn hier, oder zumindest ganz in der Nähe, soll Friedrich Schiller seinen Freunden das erste Mal aus dem im Entstehen begriffenen Sturm-und-Drang-Drama »Die Räuber« vorgelesen haben. 1781 vollendete Schiller sein Theaterstück, das noch im selben Jahr anonym gedruckt und im Januar 1782 in Mannheim uraufgeführt wurde. Von der heimlichen Lesung im Frühjahr 1778 zeugt eine Skizze des Kommilitonen Viktor von Heideloff, die den jungen Dichter deklamierend im Kreis seiner Bewunderer Dannecker, Kapf, von Hoven, Schlotterbeck und Heideloff selbst zeigt.

Adresse Schillersteinweg (unterhalb der Jahnstraße), 70597 Stuttgart-Süd | **ÖPNV** U 15, Haltestelle Stelle, weiter auf Olgaweg, Wegweisern folgen | **Tipp** Wer noch einen Waldspaziergang anschließen will, gelangt über den Eulenweg bis zur Dürrbachklinge und wandert durch die noch recht ursprüngliche Waldschlucht bis nach Rohracker.

27__Das Fundament
Tief unten im Fernsehturm

Hoch ragt die schlanke Betonnadel über den bewaldeten Anhöhen am südlichen Stadtrand auf, das weithin sichtbare Wahrzeichen der Landeshauptstadt. Wohl kaum ein Stuttgarter war nicht schon mehrfach auf der Aussichtsplattform, denn bereits seit mehr als 50 Jahren trotzt der erste Fernsehturm der Welt Wind und Wetter. Dabei gab es zur Zeit der Planung für den Prototyp keinerlei Garantie, dass sich das kühne Projekt tatsächlich bewähren würde. Doch der 1954 bis 1956 erbaute, inklusive Sendemast immerhin 217 Meter hohe Sendeturm wurde zum Vorbild für viele weitere weltweit.

Jeden Donnerstag um 18 Uhr kann man den Turm von einer ganz anderen Seite kennenlernen: Die wöchentliche After-Work-Führung durch das Innere beginnt im etwa 1.500 Tonnen schweren Betonfundament. Dort erfährt man vom Techniker einiges über die Besonderheiten der beeindruckenden Konstruktion aus Stahlbeton. Und wer hätte je gedacht, dass auch Fernsehtürme ihre »Glühbirnen« austauschen müssen! Im Zuge der stufenweisen Einführung energiesparender Leuchtkörper wurden offensichtlich nicht nur Haushaltsglühbirnen als Stromfresser entlarvt, das Verbot herkömmlicher Beleuchtung betraf auch die Signale in 50, 100 und 150 Metern Höhe am Turm. Und wie im Empire State Building findet einmal im Jahr ein Treppenlauf statt, beim ersten Mal mit sieben Teilnehmern, inzwischen erklimmen über 70 Sportler die 762 Stufen der Nottreppe.

Ein Stück geht es dann über Treppen hinauf, unmittelbar daneben sausen die Aufzüge mit rasanter Geschwindigkeit – fünf Meter pro Sekunde – hinauf und hinunter. Hier gibt es noch Fahrstuhlführer, die Besucher in etwa 36 Sekunden nach oben befördern. Hoch oben im Korb befindet sich auch die Sendetechnik für die Ausstrahlung der Rundfunk- und Fernsehprogramme des SWR. Die Führung endet in 150 Metern Höhe mit einem phantastischen Blick ...

Adresse Jahnstraße 120–124, 70597 Stuttgart-Degerloch, www.fernsehturmstuttgart.com |
ÖPNV U 7, U 8, U 15, Haltestelle Ruhbank-Fernsehturm | **Öffnungszeiten** Der Fernseh-
turm Stuttgart wird renoviert, um neuen Brandschutzverordnungen zu entsprechen, und ist
voraussichtlich 2015 wieder zugänglich. | **Tipp** In 147 Metern Höhe fungiert das OBEN als
Bar und Café, am Fuße des Turms locken der Biergarten DRAUSSEN und das Restaurant
UNTEN. Auf der Eventebene DAZWISCHEN wird nicht nur Theater gespielt, hier kann
man auch heiraten oder die Etage für Empfänge oder Pressekonferenzen mieten.

28 Der Galateabrunnen

Eine Wassertreppe für die Meernymphe

In ganz Europa verfügt nur Budapest über größere Mineralwasservorkommen als Stuttgart. Mineralbäder und überall im Stadtgebiet sprudelnde Quellen sind die sichtbaren Zeichen dieses unterirdischen Reichtums. Ob schon mal jemand gezählt hat, aus wie vielen Brunnen in Stuttgart Wasser sprudelt und plätschert?

Ihre Funktion als »Wasserstelle« zur Versorgung der Bevölkerung haben die meisten verloren. Seit der Einführung eines städtischen Wasserverteilungsnetzes ist der Gang zum Brunnen nicht mehr nötig, nur an den Mineralbrunnen wie der Auquelle (siehe Seite 16) füllen sich Einwohner ganze Kanister oder Sprudelkästen noch mit einem Vorrat auf. Die Mehrzahl der Brunnen sind künstlerisch gestaltete Anlagen zur Verschönerung von Parks und Plätzen, und einer der prächtigsten ist der Galateabrunnen an der Eugenstaffel. Den Figurenbrunnen aus Schilfsandstein mit bronzenen Figuren schuf 1890 Bildhauer Otto Rieth in Zusammenarbeit mit Erzgießer Paul Stotz nach einem Wettbewerb.

Die einen steuern, von oben kommend, direkt den Brunnen mit der Figur der Galatea, in der griechischen Mythologie die Tochter von Meergott Nereus, an und bewundern dann von der Balustrade aus die herrliche Aussicht. Die anderen kommen die Eugenstaffel heraufgeschnauft und stehen fasziniert vor der hangabwärts dem Brunnen vorgelagerten Wasserstaffel, die zur Gesamtwirkung der monumentalen Anlage entscheidend beiträgt.

In der Antike und besonders während der italienischen Renaissance und des französischen Barocks spielten Fontänen, Wasserschleier und künstliche Wasserfälle, die in Kaskaden über mehrere stufenförmig angelegte Becken nach unten fielen, bei der Gestaltung öffentlicher Plätze sowie privater Gärten und Parks eine große Rolle. Auch Wassertreppen wie die ins Gigantische vergrößerte im Park Wilhelmshöhe in Kassel wurden gern als dekorative Elemente eingesetzt.

Adresse Eugensplatz, 70184 Stuttgart-Mitte, www.stiftung-stuttgarter-bruennele.de |
ÖPNV U15, Haltestelle Eugensplatz | Tipp Ein weiterer Wasserfallbrunnen (1977, Gott-
fried Gruner) steht nahe der Touristeninformation an der Schillerstraße. Moderne Wassertreppen findet man in Zuffenhausen am Eugen-Schuler-Platz und bei der Verwaltungszen-
trale der LBS Württemberg (1994, Jo Schöpfer).

29 Der Gerda-Taro-Platz
Als Kriegsreporterin in Spanien

Lange Zeit war Gerda Taro vor allem als Lebensgefährtin von Robert Capa bekannt. Ein kurzes Leben war ihr nur vergönnt: Im Alter von gerade mal 26 Jahren wurde sie bei einem tragischen Unfall bei Brunete von einem Panzer überrollt. Am 1. August 1937, ihrem 27. Geburtstag, gaben ihr in Paris Zehntausende das letzte Geleit, darunter auch Louis Aragon und Pablo Neruda. Unter den Klängen von Chopins Trauermarsch wurde die Stuttgarterin auf dem Friedhof Père Lachaise beigesetzt.

Doch während ihr Kollege und Partner Robert Capa einer der berühmtesten Kriegsfotografen wurde, verschwand der Name Gerda Taro aus der Erinnerung. Capa, Mitbegründer der Agentur Magnum, lieferte weiterhin spektakuläre Fotos aus den Krisengebieten der Welt – sein »Falling Soldier« wurde zu einer Ikone des Spanischen Bürgerkriegs. Erst die Arbeit der Biografin Irme Schaber und eine Retrospektive in New York als Hommage zum 70. Todestag Taros im Jahr 2007 machten die Kriegsreporterin wieder einer größeren Öffentlichkeit bekannt. Und seit entdeckt wurde, dass viele ihrer Fotos unter dem Namen Capas veröffentlicht wurden, gilt sie erst recht als Pionierin der Kriegsfotografie.

Mehr als 70 Jahre nach ihrem Tod hat Stuttgart eine Grünfläche an der Hohenheimer Straße nach ihr benannt. Und 2010 würdigte das Kunstmuseum Gerda Taro mit der Übernahme der New Yorker Retrospektive.

Denn als Gerta Pohorylle wurde die junge Frau 1910 hier geboren und wuchs in der Alexanderstraße 170a auf. 1929 zog die Familie nach Leipzig. Von dort floh die Sozialistin aus jüdischer Familie 1933 vor der existenziellen Bedrohung durch die Nazis nach Frankreich. Im Pariser Exil lernte sie den Ungarn André Friedmann kennen, 1936 reiste das Paar nach Spanien, als Reporter dokumentierten sie den Kampf der Republikaner gegen Francos Faschisten und legten sich die Pseudonyme Robert Capa und Gerda Taro zu.

Adresse Gerda-Taro-Platz, 70182 Stuttgart | **ÖPNV** U 5, U 6, U 7, U 12, U 15, Haltestelle Olgaeck | **Tipp** 2011 kam Gerda Taro zu Hollywood-Ehren: Der amerikanische Regisseur Michael Mann verfilmte »Waiting for Capa«, einen Roman der spanischen Autorin Susana Fortes über die beiden Fotografen.

30 Die Gewächshäuser

Das Zeitalter der Gusseisenarchitektur

In der Wilhelma werden Pflanzen und Tiere aus aller Herren Länder fotogen in Szene gesetzt, deshalb sind Botanischer Garten und Tierpark auch ein Mekka für Hobbyfotografen. Neben den zahllosen Attraktionen der »Alhambra am Neckar« sollte man die filigranen Glas-Eisen-Gewächshäuser nicht unbeachtet lassen. An den kuppelgekrönten Pavillon schließen sich rechts und links zwei große Eisengussgewächshäuser an, in denen Kakteen und Farne wachsen. Im tropischen Nutzpflanzenhaus gedeihen Papaya, Jackfrucht, Zimt, Karambole, Süßkartoffel, Baumwolle, Kakao, Vanille, Kaffee, Pfeffer und vieles mehr. Die Gewächshäuser wurden 1842 im Auftrag des Königs von den Wasseralfinger Hüttenwerken gegossen. Im Herbst 1844 war das Mittelgebäude weitgehend fertiggestellt, 1854 folgten die lang gezogenen Gewächshäuser am Eingang.

Die Hüttenwerke, schon 1671 gegründet, wurden seit Anfang des 19. Jahrhunderts zur Hauptgießerei des Königreichs Württemberg ausgebaut und hatten unter anderem auch maßgeblichen Anteil am Aufbau der Staatseisenbahn. Der für den Bau der Gewächshäuser verantwortliche Ludwig Zanth war damals einer der Ersten in Deutschland, der für die Tragstruktur aus Gusseisen vorgefertigte Bauteile verwendete, die in beliebiger Länge aneinandergesetzt werden konnten. Was heute gängige Bauweise ist, hatte der Architekt in London und Paris kennengelernt. Die damals so moderne Konstruktion diente keineswegs nur dazu, exotische Pflanzen aufzunehmen, sondern sollte auch die industrielle Leistungsfähigkeit Württembergs demonstrieren.

Im 19. Jahrhundert wurde Gusseisen mit Vorliebe für dekorative Elemente eingesetzt: Gartenbänke und Zäune, Säulen, Straßenlaternen und Brunnen, Wendeltreppen und Balkongeländer, es gab nahezu nichts, das nicht aus dem beliebten Material gefertigt wurde. Insbesondere die gusseisernen Öfen aus Wasseralfingen waren früher in bald jedem Haus zu finden.

Adresse Neckartalstraße, Stuttgart-Bad Cannstatt, www.wilhelma.de | **ÖPNV** U 14, Haltestelle Wilhelma, U 13, Haltestelle Rosensteinbrücke | **Öffnungszeiten** Ab 8.15 Uhr bis, je nach Jahreszeit, zwischen 16 und 18 Uhr. Bei den kostenlosen Samstagsführungen geben Tierpfleger und Gärtner Einblick in ihre Arbeit. | **Tipp** Das Maurische Landhaus der Wilhelma beherbergt die größte Titanenwurz der Welt, genannt »La Diva« – ihr Blütenstand erreichte schon eine Größe von 2,94 Metern. Meist im Juli entfaltet die Rekordpflanze ihre Blütenpracht, allerdings nicht ohne ihren Duft Marke »Aas und Kadaver« zu verströmen, mit dem sie Insekten als Bestäuber anlockt.

31 Das Glashaus
Gottlieb Daimlers Tüftlerwerkstatt

Während im meistbesuchten Museum Stuttgarts drinnen die Mobilität gefeiert wird, steht draußen vor der Tür der ein oder andere Mercedes zur gleichen Zeit auf der mehrspurigen B 14 im Stau. Auf maximal eine Million Fahrzeuge hatte der Firmengründer das Absatzpotenzial der neuen Erfindung beziffert – schon mangels kompetenter Fahrer sei an mehr nicht zu denken. Fehleinschätzung!

Vor allem das Wirtschaftswunder brachte den Absatz auf Touren. Wer konnte, fuhr Daimler. Ab den 1950er Jahren galt das Unternehmen als Aushängeschild für die Erfolgsgeschichte des westdeutschen Kapitalismus.

Die Ursprünge der Automobilerfolgsgeschichte liegen in Mannheim, wo Carl Benz arbeitete, und in Bad Cannstatt. Dort erwarb Gottlieb Daimler, der zuvor als technischer Direktor der Gasmotorenfabrik Deutz gearbeitet hatte, 1882 eine Villa in der Taubenheimstraße und baute das dazugehörige Gartenhaus zur Werkstatt aus. Mit Wilhelm Maybach, der mit ihm gemeinsam von Deutz nach Cannstatt gegangen war, tüftelte er dort unter größter Geheimhaltung, selbst die Hausangestellten wussten nicht, was vor sich ging. Der misstrauische Gärtner holte sogar die Polizei in der Annahme, sie auf die Schliche einer Falschmünzerwerkstatt zu bringen. Statt einer Münzpresse fand die Polizei bei einer Durchsuchung in dem kleinen Gartenhaus jedoch nur Werkzeuge und Motorteile. Danach blieben die beiden Konstrukteure unbehelligt und entwickelten bis 1883 den ersten schnell laufenden Viertaktmotor. Im Sommer 1886 bauten die Automobilpioniere den Motor in eine Kutsche ein, mit der sie erste Probefahrten durchführten – der Rest ist Geschichte: 1890 gründete Gottlieb Daimler gemeinsam mit Investoren die Daimler-Motoren-Gesellschaft (DMG), Wilhelm Maybach wurde ihr technischer Direktor. 1926 fusionierten die DMG und die Firma Benz zur Daimler-Benz-AG mit Sitz in Stuttgart. Es entstand ein Weltunternehmen.

Adresse Taubenheimstraße 13, 70372 Stuttgart-Bad Cannstatt | **ÖPNV** U 2, Haltestelle Daimlerplatz oder Kursaal | **Öffnungszeiten** Di–Fr 14–17, Sa, So 11–17 Uhr | **Tipp** Im Brunnenhof hinter dem Kursaal kann man das stark salzig schmeckende Wasser der Gottlieb-Daimler-Quelle trinken.

32 Das Grab von Luise Duttenhofer

Die Scherenschnittkünstlerin

Seit 1970 ziert der Umriss des lesenden Ludwig Tieck die Messekataloge der Stuttgarter Antiquariatsmesse. Und die Osiandersche Buchhandlung in Tübingen verwendet den Scherenschnitt des ebenfalls lesenden Ludwig Uhland als Logo, wenn auch nur als Ausschnitt. Allerdings wissen die wenigsten, von wem die Vorlagen stammen.

Solche Scherenschnitte kamen um die Mitte des 18. Jahrhunderts in Deutschland in Mode – das »Silhouettieren« war in bürgerlichen Kreisen ebenso beliebt wie an den Höfen. Auch ältere Scherenschnitte sind nachweisbar, die Anfänge führen nach Fernost – nach Japan und China. Hierzulande wurde die Kunst um 1780 richtig populär, manch umherziehender »Silhouetteur« verdiente seinen Lebensunterhalt, indem er wohlhabende Bürger porträtierte. Der Schwarzschnitt oder Schattenriss, ein Scherenschnitt aus schwarzem Papier, war nicht so kostspielig wie andere Porträts.

Auf dem Hoppenlaufriedhof, dem ältesten Stuttgarter Friedhof, haben viele der Kunst verbundene Persönlichkeiten ihre letzte Ruhestätte. Den Grabstein für Luise Duttenhofer findet man mit Hilfe der Hinweistafeln zum Grab des Märchendichters Wilhelm Hauff. Vor seiner Ruhestätte stehend, stößt man links des Wegs auf ein etwa 1,65 Meter hohes Grabdenkmal mit einem Sockel und einer restaurierten Stele. Die 1776 geborene Luise Duttenhofer wurde im Jahr 1829 hier bestattet. Von Zeitgenossen als »weiblicher Hogarth« gerühmt, geriet die Künstlerin schon bald nach ihrem Tod in Vergessenheit. Wohl, weil ihre virtuosen Porträts sich fast alle in Privatbesitz befanden, aber auch weil der Scherenschnitt sich nicht zur anerkannten Kunstgattung entwickelte. Nichtsdestotrotz beschäftigte sich im 20. Jahrhundert Henri Matisse intensiv mit der Technik »mit der Schere zeichnen, direkt in die Farbe hineinschneiden«.

Adresse Hoppenlaufriedhof, Rosenbergstraße 7, 70174 Stuttgart-Mitte | **ÖPNV** U9, U14, Haltestelle Berliner Platz | **Öffnungszeiten** täglich 6–20 Uhr | **Tipp** Über 350 Blätter von Luise Duttenhofers Werk sind Anfang des 20. Jahrhunderts als Schenkung ihrer Nachkommen ins Literaturarchiv Marbach gelangt. Eine weitere auf dem Friedhof begrabene Künstlerin ist die Sängerin, Dirigentin und Komponistin Emilie Zumsteeg (1796–1857).

33__Der Grüne Heiner

Auffüllberg Nummer 2

Gleich hinter dem ersten Feld an der Ortsgrenze von Weilimdorf erhebt sich eine künstliche Anhöhe, mit einem einsamen Windrotor auf der Kuppe als weithin sichtbare »Landmarke«. Seit dem Jahr 2000 liefert eine Enercon E40 vom Grünen Heiner Strom für mehr als 200 Haushalte. Die Fernsicht ist prächtig, über die nahe Autobahn blickt man weit in die Landschaft. Zur anderen Seite hin liegt das große Gewerbegebiet von Korntal zu Füßen der Hügelkuppe, mit seiner gerade gezogenen Kante grenzt es an noch landwirtschaftlich genutzte Flächen.

Weil er zu den höheren »Gipfeln« der Stuttgarter Umgebung zählt, hat der Grüne Heiner vor allem in Nachschlagewerken Karriere gemacht. Wie der bekanntere Birkenkopf, im Verwaltungsdeutsch ein Auffüllberg, im Volksmund auch Monte Scherbellino genannt, ist der Grüne Heiner ein Trümmerberg. Doch während der Birkenkopf aus dem Schutt im Krieg zerstörter Häuser aufgeschüttet wurde, erhielten Grüner Heiner und Bernhartshöhe (siehe Seite 84) in den 1970er Jahren ihre Gestalt, als der Erdaushub vom Bau unterirdischer Tunnel und der U-Bahn abgelagert werden musste.

Den Modellfliegern, die diesen Berg lebhaft nutzen, ist völlig egal, ob die Erhebung natürlich oder künstlich ist. Sie drücken auf ihre Fernbedienung und freuen sich zusammen mit allerhand Drachenfreaks der Aufwinde. 85 Meter ragt der Grüne Heiner über seine Umgebung hinaus und zieht damit auch Jogger an, die eine Höhenetappe einlegen wollen.

Seit einigen Jahren dient der Grüne Heiner der Energiegewinnung. Die 500-Kilowatt-Anlage auf seinem Gipfel, ein 46 Meter hoher Windrotor, gilt als klein. Neuere Windräder haben in der Regel eine mindestens viermal höhere Leistung und sind fast dreimal so hoch. Eine zweite Anlage ist auf dem Grünen Heiner aus Platzgründen nicht möglich – denkbar wäre aber, dass ein stärkeres Windrad dort aufgebaut wird. Repowering nennen die Fachleute das.

Adresse Hemminger Straße, 70499 Stuttgart-Weilimdorf, www.gruenerheiner.de | **ÖPNV** S6, Haltestelle Weilimdorf | **Tipp** Der kleine Pfarrgarten der Kirche Sankt Oswald in Weilimdorf besitzt ein auf die Zugangspforte aufgesetztes Fachwerkhäuschen, in dem angeblich die Pfarrer ihre Predigten schrieben.

34 Häberle und Pfleiderer

Ein ungleiches Paar

Als Bronzefiguren sind die Herren Häberle und Pfleiderer in der Unterführung am Friedrichsbau präsent. Wo heute der Neubau ein Varietétheater beherbergt, stand einst ein pompöser Jugendstilbau mit Läden im Erdgeschoss und einem prunkvollen Theatersaal mit 800 Plätzen in der ersten Etage. Im Jahr 1900 wurde eröffnet. Drei Jahrzehnte führte der Wiener Ludwig Grauaug das Haus als künstlerischer Direktor und machte es zu einem der besten Europas. Stars wie Josephine Baker, die Tiller Girls und Grock traten in Stuttgart auf. 1931 zog sich Grauaug zurück, vermutlich aber unfreiwillig aufgrund seiner jüdischen Herkunft und auf politischen Druck hin. 1933 übernahmen Willy Reichert (1896–1973) und Emil Neidhardt die Leitung des Theaters.

Die Figuren »Häberle und Pfleiderer« hatte Reichert kurz zuvor gerade erst entwickelt, und Oscar Heiler (1906–1995), aus dem dann ein langjähriger Partner wurde, war sogar zunächst nur für einen anderen Schauspieler eingesprungen. 1932 wurde als erster Sketch die »Friedenskonferenz« aufgeführt. Das Stück war ursprünglich von einem Ungarn für zwei in Budapest beheimatete jüdische Kabarettisten geschrieben worden, Heiler übersetzte es für Reichert ins Schwäbische. Das erfolgreiche Stück blieb wochenlang im Programm; für das Duo der Beginn einer über 40-jährigen Zusammenarbeit.

In mehr als 100 Sketchen stand das Komikerduo auf der Bühne. Aber vor allem ihre Auftritte in Fernsehen und Rundfunk machten »Häberle und Pfleiderer« zur Institution und als schwäbische Originale weit über Stuttgart hinaus bekannt. Ihre Komik entwickelte sich aus dem Kontrast zweier gegensätzlicher Charaktere, Häberle ein geschwätziger Wichtigtuer, Pfleiderer ein mürrischer Kauz.

Das Denkmal, nach einer Idee der Künstlerin Hanne Schorp-Pflumm von Rudolf Kurz ausgeführt, zeigt die Figuren mit dem Hund Napoleon. Oscar Heiler war bei der Einweihung vor Ort.

Adresse Friedrichstraße 24, 70174 Stuttgart-Mitte | ÖPNV U 9, U 14, Haltestelle Friedrichsbau | Tipp Weitere Werke der Bildhauerin Hanne Schorp-Pflumm finden sich in Vaihingen, die Vaihinger Steinbrecher an der Schwaben-Galerie, ein Reigen tanzender Kinder in der Kaindlstraße in Büsnau, das Mahnmal zur Erinnerung an die Opfer beider Weltkriege auf dem Buchrainfriedhof.

35_ Der Hasenbergturm

Blick über den Kesselrand

Steile Straßen sind in Stuttgart keine Seltenheit, aber wer zu Fuß zum Hasenberg hinaufschnauft, wundert sich dann doch, dass manch älterer Herr scheinbar mühelos mit dem Rad bergauf strampelt. Tatsächlich scheint die Hasenbergsteige unter Stuttgarter Radfahrern durchaus Kultfaktor zu besitzen oder den Ehrgeiz zu wecken, mit dem Drahtesel die eigene Vitalität, Kondition und »Puste« zu beweisen. Und tatsächlich: Bei Fußgängern, auch bei untrainierten Radfahrern und sogar bei überzeugten Autofahrern lässt sich angesichts der langen Steigung ordentlich Eindruck schinden. Auf »Quaeldich.de«, einem Portal für Hobbyrennradler, erhält die steile Strecke eine durchaus gute Wertung: Die Steigung sorge für echtes »Quaeldich-Feeling«.

Schnurgerade führt die Hasenbergsteige nach oben. Auf der 453 Meter hohen Anhöhe entstand Stuttgarts erster Aussichtsturm, 1879 vom Verschönerungsverein erbaut. Übrig geblieben ist nur noch ein fünf Meter hoher Stumpf, der völlig unscheinbar im Wald versteckt liegt: Im Zweiten Weltkrieg wurde der Turm gesprengt, um feindlichen Bombern nicht als Orientierungspunkt zu dienen.

Zur Bauzeit lag der Hasenberg noch mitten im Wald, die nächsten Häuser waren weit weg. Damals bot der 36 Meter hohe Turm einen grandiosen Ausblick über die Stadt und bis zur Schwäbischen Alb.

Im Jahr 1870 hatte der Verein den Beschluss »zur Errichtung eines etwa 100 Fuß hohen Turmes hinter dem Jägerhaus« gefasst, einige Jahre später entschied man sich für den Entwurf von August Beyer, der auch als Baumeister am Ulmer Münster mitwirkte, und im August 1879 fand die Einweihungsfeier statt. Der Turm und die Gaststätte Jägerhaus wurden schnell ein beliebtes Ausflugsziel. Noch heute findet es manch einer schade, dass er nicht wiederaufgebaut wurde. Doch nach der Aufschüttung des Birkenkopfs um 40 Meter war von dort die Aussicht über die Stadt besser.

Adresse Hasenbergsteige, 70197 Stuttgart-West | **ÖPNV** S1–S6, Haltestelle Schwabstra-ße, 15 Minuten Fußweg | **Tipp** An der Hasenbergsteige befinden sich auch das Denkmal des Dichters Wilhelm Hauff aus dem Jahr 1882 sowie einige Großplastiken des Stuttgarter Bildhauers Herbert Otto Hajek (siehe Seite 216 und 184).

36___ Das Haus des Waldes

Erlebniszentrum mit ökologischem Anspruch

Seit 2005 gibt es in Baden-Württemberg den »Waldprofi-Pass«. Die Idee ist gut: Dem Landesverband der Schutzgemeinschaft Deutscher Wald e.V. ging es darum, Kindern Naturschutz, Engagement für Nachhaltigkeit und den »deutschen Wald« näherzubringen. Das Verfahren aber wirkt denkbar kompliziert: ohne Punktesammeln, Stempel und Teilnahmebestätigung an Kursen und Waldführungen geht gar nichts. Aber immerhin, Waldprofi kann man schon als Kind werden, für eine Bewerbung als »Waldkönigin« muss man volljährig sein.

In Stuttgart widmet sich gleich ein ganzes Haus der Aufgabe, aus Kindern Waldprofis zu machen. Mit Spaß und Neugier dabei: Eine Mitmachausstellung für die ganze Familie erläutert, welche Pflanzen, Bäume und Tiere es im Wald gibt, wie sich Bäume fortpflanzen und wovon sie leben, was passiert, wenn sie sterben, wie der Wald Luft filtert, wofür der Rohstoff Holz verwendet wird und vieles mehr. Kinder lernen den Wald nicht nur sehen, sondern auch hören, riechen, schmecken und im wahrsten Sinne des Wortes »begreifen«: Alles darf auch berührt werden, es gibt Klettermöglichkeiten und andere Angebote, aktiv zu werden.

Am Ende sollen die Kinder über spielerisch vermittelte Informationen den Wald in seiner Komplexität als Ökosystem verstehen können. Waldpädagogik als Teil der Umwelterziehung will Kindern die Bedeutung des Waldes als natürliche Ressource und Lebensgrundlage vermitteln.

Drei Bereiche – Stadtbühne, Waldbühne und Weltbühne – öffnen den Blick über die regionale Bedeutung des Stuttgarter Waldes hinaus und zeigen globale Zusammenhänge, die sich uns nicht unmittelbar erschließen: Welchen Einfluss haben die Wälder der Erde auf Klimawandel und Bodenerosion? Was hat der Gartenstuhl mit dem Kohlendioxidproblem zu tun? Solche Fragen können nach dem Besuch der Ausstellung dann auch die Erwachsenen beantworten.

HAUS DES WALDES

»SCHAU MAL REIN«

Adresse Königsträßle 74, 70597 Stuttgart-Degerloch, www.hausdeswaldes.de | **ÖPNV** U 7, U 8, Haltestelle Waldau | **Öffnungszeiten** Di–Fr 9–17 Uhr, So 10–18 (im Winter 10–17) Uhr | **Tipp** Waldklettergärten gibt es in Zuffenhausen und im Schmellbachtal, www.wald-klettergarten-stuttgart.de, sowie im Waldaupark, www.hochseilgarten-stuttgart.de.

37__Das Heimatmuseum

Deutsche Schwaben aus Bessarabien

Wer wie ich Großeltern aus Bessarabien und einen in Paris am Schwarzen Meer geborenen Vater hat, für den gehört das Haus der Deutschen aus Bessarabien selbstverständlich nicht nur zu den 111 Orten in Stuttgart, die man gesehen haben muss, sondern zu den Top Ten. Aber auch für nicht familiär mit der südosteuropäischen Region Verbandelte ist das kleine Heimatmuseum interessant, ist doch ein nicht unerheblicher Teil der Bevölkerung aus dem Schwarzmeergebiet nach Stuttgart und Umgebung geflüchtet. Oder besser gesagt: zurückgekehrt.

Der Landstrich am Schwarzen Meer gehörte schon zu Rumänien und zur Sowjetunion, war kurzfristig unabhängig und ist heute Teil von Moldawien und der Ukraine. Im 19. Jahrhundert kam eine ganze Welle von Auswanderern aus dem Ländle nach Bessarabien, nachdem 1816 in Württemberg das Auswanderungsverbot aufgehoben worden war. 120 Jahre später, um 1930, bildeten Deutsche aber nur drei Prozent der Bevölkerung, und als Minderheit blieben sie unter sich in eigenen Dörfern – nur so erklären sich das Schwäbische, das meine Großeltern nach wie vor sprachen, und die schwäbischen Gerichte meiner Großmutter, die mich als Kind glücklich machten. Im Jahr 1940 wanderten fast alle 90.000 Bessarabiendeutschen aus – Teil des Hitler-Stalin-Pakts war auch ein Umsiedlungsvertrag. Nach langen Trecks und Aufenthalten in Lagern wies man den Umsiedlern zunächst Land im besetzten Polen zu – eine zynische Form der scheinbaren Rettung deutscher Minderheiten, da für die Vertriebenen die heimische Bevölkerung enteignet wurde. Mit dem Herannahen der Front im Januar 1945 erhielten auch die Umsiedler aus Bessarabien den Evakuierungsbefehl – treffender wäre der Begriff Fluchterlaubnis: Erneut brachen die Trecks auf und zogen Richtung Westen. Nach dem Zusammenbruch des Naziregimes erhielten rund 20.000 »Schwabenumsiedler« eine Zuzugsgenehmigung für Württemberg.

Adresse Florianstraße 17, 70188 Stuttgart-Ost, www.bessarabien.com | **ÖPNV** U 4, Haltestelle Ostendplatz | **Öffnungszeiten** Mo–Fr 10–17 Uhr | **Tipp** Im Museum werden auch alte Postkarten verkauft und Bücher zu den Orten und der Geschichte Bessarabiens. Auch im Angebot: ein Kochbuch mit über 600 Rezepten.

38__ Der höchste Punkt
Auf der Bernhartshöhe

Eigentlich gibt es keinen Grund, ausgerechnet am Autobahnkreuz Vaihingen den Parkplatz an der Alten Sindelfinger Straße anzusteuern und von dort zu einem Spaziergang aufzubrechen. Das Rauschen des Autoverkehrs auf A 8 und A 831 begleitet einen unentrinnbar – mit täglich mehreren 100.000 Fahrzeugen ist das Stuttgarter Kreuz der frequenzstärkste Straßenknotenpunkt in Baden-Württemberg. Doch wer Superlative sammelt, ist hier richtig – vom Parkplatz erreicht man schnell und mühelos Stuttgarts höchsten Punkt. Man folgt dem Sträßchen einfach noch ein Stück, bis nach halb rechts der beschilderte Anstieg zur Bernhartshöhe beginnt. Ein Forstweg führt in einer halben Schleife hinauf zum »Gipfel«, den ein Gedenkstein markiert.

549 Meter misst die höchste Erhebung an der nordwestlichen Stadtgrenze: Ein Achttausender muss also nicht bezwungen werden. Doch unter den deutschen Städten gibt es kaum eine andere mit solch großer Höhendifferenz auf dem Stadtgebiet. Tiefster Punkt ist die Neckartalaue bei Mühlhausen mit 207 Metern über Normalnull. Wie die Trümmerberge Birkenkopf und Grüner Heiner ist allerdings auch die Bernhartshöhe eine künstlich aufgeschüttete Erhebung. Während der Birkenkopf um 40 Meter wuchs, weil dort Kriegsschutt abgeladen wurde, erreichte die Bernhartshöhe durch Material aus dem Tunnelbau in Stuttgart erst in den 1970er Jahren ihre heutige Höhe. Weil der Wind mit einer mittleren Geschwindigkeit von 5,5 bis 5,75 Metern pro Sekunde darüber hinwegweht, wurde das Areal zum Standort für Windräder auserkoren: Der Windatlas der Landesregierung nennt als Minimum für eine wirtschaftliche Anlage eine Windgeschwindigkeit von 5,3 Metern pro Sekunde.

Die aufgestellten Bänke datieren wohl noch aus der Zeit, als es über die damals jungen Bäume hinweg auch eine Aussicht gab. Heute ist die Kuppe selbst zwar nicht bewaldet, doch ganz von Wald umschlossen.

Adresse Bernhartsbergweg, 70569 Stuttgart-Vaihingen | **Pkw** A 831, Abfahrt Vaihingen, dann Pascalstraße und Alte Sindelfinger Straße bis zum Parkplatz | **Tipp** Eine Wanderung auf den 511 Meter hohen Birkenkopf gehört zu den Klassikern unter Stuttgarts »Bergwanderungen«.

39__Die Holzbrücke

Der Neckarsteg nach Bad Cannstatt

Als 1836 Frances Trollope zu Besuch in Stuttgart weilte, führte eine Spazierfahrt die reiselustige englische Schriftstellerin auch an den Neckar. Drei Brücken gab es damals über den Fluss, doch eine lag in Trümmern, die andere war unvollendet und »die dritte, die malerischste von allen ist eine aus rohem Holz gezimmerte Notbrücke«.

Noch bis Mitte des 19. Jahrhunderts gab es auch in Stuttgart solche hölzernen Brücken, die bei Neckarhochwasser oft beschädigt wurden. Heute gibt es deutlich mehr als drei Möglichkeiten, den Fluss zu überqueren – meist aus Beton und Stahl gebaut, für Autos und Züge, aber auch einige für Fußgänger und Radfahrer bestimmte Brücken wie Mühlsteg, Münstersteg oder Berger Steg.

Die aktuelle Holzbrücke über den Neckar hat zwar schon einige Jahre auf dem Buckel, Frances Trollope kann sie aber nicht gekannt haben – der Neckarsteg wurde zur Bundesgartenschau 1977 errichtet und verbindet Bad Cannstatt mit dem Rosensteinpark. Wie schon bei der ersten Stuttgarter Gartenschau im Jahr 1961 waren Fußgängerbrücken ein zentrales Thema. Zehn neue Übergänge wurden errichtet, nicht nur über den Fluss, auch über Gleisanlagen oder Straßen. In kaum einer anderen Stadt findet man derart viele und vielfältige Fußgängerbrücken, über die Jahre wurden auch außergewöhnliche und innovative Projekte realisiert.

Die Brücke mit ihrer abknickenden Längsachse zählt mit 158 Metern Länge zu den zehn am weitesten gespannten Holzbalkenbrücken der Welt. Für die Mittelabstützung wird das Ende der Schleusenmole genutzt. Die Träger wurden im Stuttgarter Hafen erstellt und per Schiff flussabwärts gebracht. Nach der Übernahme durch Mobilkräne erfasste plötzlich ein Windstoß den tonnenschweren längeren Riegel, und das Brückenteil stürzte in den Neckar. Es gelang jedoch, rechtzeitig einen Ersatzträger zu fertigen, sodass der Neckarsteg wie geplant zur Bundesgartenschau eröffnet werden konnte.

Adresse Neckartalstraße, 70376 Stuttgart-Bad Cannstadt | **ÖPNV** U 14, Haltestelle Wilhelma | **Tipp** Für den Max-Eyth-Steg entwarf Jörg Schlaich, von dem auch der Killesbergturm stammt, eine Hängebrückenkonstruktion. Ein weiterer neuer Neckarsteg verbindet seit 2010 Mühlhausen und Hofen.

40__Das Inselbad

Alles im Fluss

Geht man ins Schwimmbad, um die Kids auf einem Matschspielplatz panschen zu lassen oder um im Wasserbecken Kraulen zu trainieren? Um sich wagemutig vom 10-Meter-Sprungturm ins separate Sprungbecken zu stürzen oder sich auf der Liegewiese zu sonnen und ab und an ins FKK-Schwimmbecken zu springen? Obwohl als Sportbad gedacht und auch für Wettkämpfe geeignet, hat das Freibad am Neckar auch allerhand Attraktionen für Familien mit Kindern zu bieten: Neben einer 90 Meter langen Riesenrutsche gibt's eine Breitrutsche, Wasserattraktionen wie Strömungskanal, Bodenblubber, Sprudelliegen und Wasserfontänen, ein großes Planschbecken und ein Spielboot, um sich auszutoben. Wer Lust auf Sport hat, kann hier Beachvolleyball, Basket- und Streetball oder Tischtennis spielen.

Aber richtig lange Schwimmbahnen – wo zählt heute noch so etwas zum Angebot? Im in den 1920er Jahren erbauten Untertürkheimer Inselbad konnten sich die Badegäste früher in doppelt so langen Schwimmbecken wie heute austoben. Erst viel später wurde das einst 100 Meter lange und an die 30 Meter breite Becken in zwei kleinere unterteilt.

Den Anstoß für das Freibad auf der Neckarinsel hatte zu Beginn des 20. Jahrhunderts ein neu gegründeter Verein gegeben. Der Cannstatter Fritz Peter war Mitbegründer der Deutschen Lebensrettungsgesellschaft (DLRG). Er organisierte erste Rettungsschwimmer-Kurse und hielt es für wichtig, außer den Badeplätzen im Neckar auch Schwimmbäder zu bauen. Nach Verhandlungen mit der Stadt wurde 1913 der Verein »Stadion« gegründet. Eingeweiht wurde das Inselbad jedoch erst im Sommer 1924 mit einem bunten Schwimmfest. Die Menschen waren begeistert. Und strömten fortan ins neue »Inselbad«. Heute steht das älteste Freibad Stuttgarts – erhalten blieb der Bau mit den Umkleidekabinen – unter Denkmalschutz.

Adresse Inselbad 4, 70327 Stuttgart-Untertürkheim, www.stuttgart.de/baeder | **ÖPNV** U 4, U 13, S1, Haltestelle Untertürkheim | **Öffnungszeiten** Mitte Mai–Anfang Sept. Mo–Fr ab 7 Uhr, Sa, So ab 9 Uhr, Mai, ab Mitte Aug. bis 19.30 Uhr; Juni, Juli, bis Mitte Aug. bis 20.30 Uhr | **Tipp** Das Ende der 1920er Jahre erbaute Heslacher Bad, damals das größte Hallenbad Deutschlands, ist mit seinen weit gespannten Betonbögen ein interessantes Beispiel für die Architektur der Neuen Sachlichkeit.

41 Das Institut für Leichtbau

Von Montréal nach Vaihingen

Nördlich von Vaihingen steht auf dem Gelände der Universität der Prototyp für den in Montréal gebauten Pavillon der BRD für die »EXPO 67«, die Weltausstellung in Kanada. Der Bauingenieur und Architekt Frei Otto (geb. 1925) hatte 1964 an der Technischen Hochschule das Institut für leichte Flächentragwerke gegründet. Der prominenteste Vertreter der experimentellen Moderne beschäftigte sich vor allem mit Leichtbau, Seilnetz- und anderen zugbeanspruchten Konstruktionen. In seinem Institut entwickelte er im Austausch mit Biologen, Medizinern und Paläontologen neue Konstruktionsweisen, die auf biologischen Prinzipien basieren.

Er selbst hat mehr entworfen als gebaut und war eher Ideengeber denn Bauherr. Der als Beitrag zur Weltausstellung 1967 im kanadischen Montréal von Otto entworfene Leichtbau wurde in knapp drei Monaten errichtet und erhielt dort den Architekturpreis Prix Perret. 1968 wurde der Zeltbau, bei dem ihm Architekt Rolf Gutbrod zur Seite stand, an den heutigen Standort auf dem Vaihinger Campus umgesetzt und 1969 offiziell eingeweiht. Das Gebäude war damit das erste dieser Größe mit Seilnetztragwerk und fester Dacheindeckung.

Besonders die Voliere im Münchner Tierpark Hellabrunn entspricht Ottos Vorstellungen vom leichten Bauen. Noch bekannter wurden allerdings seine Zeltbauten für den Olympiapark in München, die in Zusammenarbeit mit Jörg Schlaich für die Olympischen Spiele 1972 realisiert wurden. Schon die Entwürfe zeigten keinerlei Kanten oder rechte Winkel: Das Dach hängt an den massiven Trägern wie eine Wolke über dem Sportfeld. Die transluzente Architektur gestattete die Vorstellung vom »Sport im Grünen«, zugleich bot das Dach Schutz vor Regen und Unwetter. Doch trotz der biomorphen Formen dieser »organischen Architektur« sind es Hightech-Bauten, die eher dem Turm- und Brückenbau verpflichtet sind als etwa der Anthroposophie.

Adresse Institut für Leichtbau, Pfaffenwaldring 14, 70569 Stuttgart-Vaihingen | **ÖPNV** S1, S2, S3, Haltestelle Universität | **Tipp** Ende der 1980er Jahre wurde eine 3.000 Quadratmeter große Voliere in der Wilhelma (siehe Seite 68) gebaut, die ebenfalls von einem filigranen Seil-Drahtnetz-Dach überspannt wird.

42 K 1 und K 2

Die Kollegiengebäude

Einigen sind die beiden Hochhäuser bis heute ein Dorn im Auge – im Internet tut eine gewisse Steffi kund, sie zähle die zentrumsnahen Campus-Bauten in der Keplerstraße zu den zehn hässlichsten Gebäuden Stuttgarts. Vermutlich ist dieses Urteil – begründet wird es nicht – allein der Höhe geschuldet, aber die meinungsstarke Bloggerin hat durchaus auch andere Zeitgenossen auf ihrer Seite. Lange Jahre wurde dem Baustil der 1950er und 1960er die Schuld an der einst von Alexander Mitscherlich diagnostizierten, sprichwörtlich gewordenen »Unwirtlichkeit unserer Städte« gegeben. In den letzten Jahren hat eine Neubewertung dieser Epoche eingesetzt: Je mehr ihre baulichen Zeugnisse von der Bildfläche verschwinden oder vom Abriss bedroht sind, desto stärker rücken ihre Qualitäten in den Blick.

Das K1 benannte Kollegiengebäude beherbergt die Fakultät für Architektur und Stadtplanung. Die einzelnen Institute, Dekanat, Seminarräume und Werkstätten, die Fakultätsbibliothek sowie studentische Arbeitsräume fanden nach dem sogenannten Split-Level-Prinzip Platz. Dabei wird das Haus, vereinfacht ausgedrückt, in der Mitte der Länge nach durchgeschnitten und um ein halbes Stockwerk versetzt wieder zusammengefügt. Diese Bauweise verschafft durch Minimierung der Treppenaufgänge und Flurräume mehr Nutzfläche.

Für den Wiederaufbau des im Krieg völlig verwüsteten Geländes ab 1947 sahen die Pläne Richard Döckers locker gefügte, etwa vier- bis fünfgeschossige Gebäude vor. Neue Hochrechnungen über den zukünftigen Raumbedarf der Universität führten zur Entscheidung, in die Höhe zu bauen, allerdings limitierte die Stadt die maximale Höhe auf die des Bahnhofsturms. Mit der Planung beauftragt wurde die Fakultät Bauwesen an der TH Stuttgart, und diese übertrug sie den Professoren Rolf Gutbier, Günter Wilhelm und Curt Siegel. Ab 1956 wurde K1 errichtet, 1960 war es fertiggestellt.

Adresse Keplerstraße 11, 70174 Stuttgart-Mitte, www.architektur.uni-stuttgart.de | ÖPNV U 9, U 14, Haltestelle Friedrichsbau | Tipp In K 2, Keplerstraße 17, sind die philosophisch-historische, wirtschafts- und sozialwissenschaftliche Fakultät untergebracht.

43 Die Kelter

Weinpressen und Wengerterhäuschen

Rotenberg liegt inmitten der Weinberge in einzigartiger Lage hoch über dem Neckartal. An einer Straßenkurve unterhalb des malerischen Dörfchens steht die große Ortskelter. Das massive, fast trutzige Gebäude, in dem das Collegium Wirtemberg den hier erzeugten Wein verkauft, wurde in den 1940er Jahren erbaut und stand ursprünglich der Weingärtnergenossenschaft zur Verfügung, um ihre Trauben zu pressen. Weil sie, anders als ihre Vorgängerbauten, unterkellert ist, können hier auch Weine ausgebaut und gelagert werden. Früher mussten Winzer ihre Erzeugnisse gleich »unter der Kelter« verkaufen, weil es ihnen an eigenen Möglichkeiten zur Vorratshaltung fehlte. Die Weingenossenschaften zahlten ihren Mitgliedern Geld für abgeliefertes Lesegut, abhängig von Menge und Qualität, und sorgten zudem für die gemeinsame Vermarktung.

Mit der Unterbringung der Weinpressen oder der Lagerung von Weinfässern haben die typischen Wengerterhäuschen – oft als Fachwerkaufbau oder Holzkonstruktion auf Sandsteinmauern errichtet – nichts zu tun. Sie geben einem Weinbaugebiet den unverwechselbaren Charakter und dienten einst zur Aufbewahrung von Handwerkszeug zur Bewirtschaftung des Weinbergs sowie der Rebenwacht und boten Schutz bei Unwettern. Daher werden sie oft als Wächterhäuschen bezeichnet. Manch ein Besitzer hielt hier auch Weingesellschaften ab. Die größte Zahl an Weinberghäusern wurde im 18. Jahrhundert gebaut, viele fielen allerdings der Rebflurbereinigung zum Opfer.

Direkt vor der Tür der Rotenberger Ortskelter kann man in den mit Glas, Traube und Wanderer gut beschilderten Weinwanderweg »einsteigen«. Herrliche Panoramablicke machen den Spaziergang durch die Weinberge zum Erlebnis, die Großstadt scheint meilenweit weg. In den gemütlichen Weinstuben und urigen Besenwirtschaften an der Strecke lassen sich die Erzeugnisse der Region auch genießen.

Adresse Württembergstraße 230, 70327 Stuttgart-Rotenberg, www.collegium-wirtemberg.de und www.stuttgarter-weinwanderweg.de | **ÖPNV** S1, Haltestelle Untertürkheim, dann Bus 61, Haltestelle Sonnenbühl | **Öffnungszeiten** Mo–Fr 9–12 und 13–18 Uhr, Sa 9–16 Uhr | **Tipp** Im benachbarten Uhlbach ist in der historischen Ortskelter das Stuttgarter Weinbaumuseum beheimatet, in der Obertürkheimer Kelter wird der Wein der Untertürkheimer Weinmanufaktur verkauft.

44_ Der Kickers-Platz

Das blaue Stadion

»Schon immer« spielen die Fußballprofis der Stuttgarter Kickers in »ihrem« Stadion, direkt unterhalb des Fernsehturms. Kein anderer Fußballverein Deutschlands spielt so lange am selben Ort – bereits seit 1905, über 100 Jahre, finden die Heimspiele im Waldau-Stadion statt. Allerdings gehört die Anlage nicht dem Verein, sondern der Stadt Stuttgart. Nur zu Zeiten, in denen die Kickers noch in der Ersten Bundesliga spielten, mussten sie aufgrund von DFB-Sicherheitsauflagen ins Cannstatter Neckarstadion, in dem der Lokalrivale VfB Stuttgart zu Hause ist, umziehen.

Als »Kickerssportplatz« wurde die traditionsreiche Spielstätte am 18. Juni 1905 mit einem Wettspiel gegen Phönix Karlsruhe eröffnet. Gespielt hatten die Blauen dort vorher schon, 1904 pachteten sie »die auf dem Exerzierplatz in Degerloch auf der linken Seite befindlichen Äcker«.

Beim Bau der Tribüne wählte man ein Vorbild von der Insel: Im Jahr 1913 wurde eine originalgetreue 1:3-Kopie der Tribüne von Arsenal London errichtet. Bis 1975 besaß das Stadion noch diese Holztribüne, dann musste sie aufgrund strengerer Auflagen des DFB 1976 einer neuen Haupttribüne weichen, die wiederum 2015 eine moderne Nachfolgerin erhielt.

Das Vorbild in England hatte der aus Glasgow stammende Architekt Archibald Leitch (1865–1939) errichtet. An etwa 30 Sportstätten war der geniale Schotte beteiligt, dabei war seine Karriere äußerst unglücklich gestartet: Seine ersten Meriten verdiente er sich Ende des 19. Jahrhunderts in Glasgow mit den Entwürfen für den Celtic Park und den Ibrox Park. Die Katastrophe vom 5. April 1902 hätte ihn seine Karriere kosten können: Die Tribüne des Ibrox Park brach damals zusammen, 26 Zuschauer starben, und weit über 500 wurden verletzt. Der Einsturz wurde jedoch nicht dem Architekten angelastet und schadete seiner Karriere nicht. Im Gegenteil, Leitch avancierte zum wichtigsten Stadionarchitekten dieser Ära.

Adresse Guts-Muths-Weg 4, 70597 Stuttgart-Degerloch, www.stuttgarter-kickers.de |
ÖPNV U 7, U 8, Haltestelle Waldau | **Tipp** In direkter Nachbarschaft findet sich das schon
Anfang des 20. Jahrhunderts begründete Luftbad, in dessen erhaltenem historischem Ver-
einsheim sich heute ein griechisches Restaurant eingemietet hat, www.luftbad-verein.de.

45___Der Kindergarten

Ein Schiff im Weinberg

Den Fuchs im Weinberg kennt schon die antike Fabel, das Schiff im Weinberg wird nicht vielen ein Begriff sein. Dabei erhielt ebendieses den Deutschen Holzbaupreis und andere Auszeichnungen.

Der 1990 erbaute Kindergarten aus Holz in Untertürkheim ist aber kein Stein gewordener Ozeandampfer, sondern eher eine Arche Noah in moderner Formensprache. Der Entwurf für das einem gestrandeten Schiff nachempfundene Gebäude stammt von Günter Behnisch (1922–2010), dem Stuttgarter Architekten, der durch die Bebauung des Münchner Olympiageländes weltweit bekannt wurde. Und fast 20 Jahre später konnte Behnisch einen ähnlichen Coup landen: Eine »Werkhalle der Demokratie« nannte er den gläsernen Plenarsaal für den Bundestag in Bonn (1992/93), der damals zu den modernsten seiner Art gehörte. Der gebürtige Dresdner hatte in Stuttgart Architektur studiert und gründete dort später sein eigenes Büro.

Auch Architekten wie Le Corbusier oder Hans Scharoun bezogen nautische Details in Architektur ein. In den 1930er Jahren bildete diese Formensprache sogar eine populäre Untergattung des Art-déco-Stils: Die Streamline-Moderne betonte stromlinienförmige Ansichten, eine lange horizontale Linienführung sowie nautische Elemente wie ausgeprägten Bug, Schiffsdecks, stilisierte Bullaugenfenster oder Geländer, die an Relings erinnern.

Das gestrandete Untertürkheimer Schiff erklärt sich jedoch aus dem Willen des Architekten, für Kinder etwas zu bauen, was in der Welt der Erwachsenen so nicht vorkommt. Gebäude für Kinder, Jugendliche oder Studenten zu schaffen, darin sah Behnisch einen wichtigen Teil seiner Arbeit. In Stuttgart hinterlässt der Architekt daher nicht nur das Glasgebäude der Landesgirokasse am Bollwerk oder das Hysolargebäude auf dem Universitätscampus in Vaihingen, sondern auch zahlreiche klug entworfene Schulgebäude, Jugendhäuser und Kindertagesstätten.

Adresse Lotharstraße 24, 70327 Stuttgart-Luginsland | **ÖPNV** Bus 60, Haltestelle Luginsland | **Tipp** Die Tagesstätte für Kinder gehört zum Untertürkheimer Stadtteil Luginsland, sodass sich ein Rundgang durch die Gartenkolonie anbietet (siehe Seite 116).

46__Der Kletterfelsen

Spaß in der Vertikalen

Für Bergsteiger ist es ja das Größte, mal einen 8.000er zu bezwingen, davon gibt es aber in Europa keine. Und wer es als Kletterer den »Huber-Buam« gleichtun will, ist auch darauf angewiesen, weit weg zu trainieren. Denn das Klettern zu erlernen ist in Stuttgart nicht ganz einfach, Hügel gibt's zwar, doch bis zu den Kletterplätzen in den Alpen ist es doch recht weit. Abhilfe und 4.000 Quadratmeter Kletterfläche für Profis und Anfänger bietet da die große Kletteranlage im Sportpark Waldau: über 2.900 Quadratmeter in der Kletterhalle, über 1.000 Quadratmeter Kunstfels im Freien. Statistiken zeigen, dass künstliche Kletterwände in den Städten nicht nur ohnehin überzeugten Fans des Kletterns Freude machen, sondern auch »Neulinge« für diese Sportart begeistern.

Einerseits: Mei Lieberle! Was für ein flaues Gefühl im Magen, wenn man sich das erste Mal dem Seil anvertraut. Andererseits: Ist es nicht neben dem Naturerlebnis und der sportlichen Aktivität gerade die kräftige Dosis Adrenalin, die den Reiz des Kletterns ausmacht? Im Kletterzentrum wird den Anfängern Zeit gegeben. Zwei Meter hochklettern, ins Seil setzen und zurück zum Boden. Wer das ein paar Mal wiederholt und ganz langsam in die Höhe steigert, erwirbt das nötige Vertrauen schnell und verliert seine Höhenangst. Das Kursangebot tut ein Weiteres, um aus Schnupperkletterern echte Kraxler zu machen.

Künstliche Kletterwände gibt's heutzutage auch schon in Sportgeschäften, am schönsten ist der Sport aber doch in der freien Natur. Da hat die Schwäbische Alb eine Menge zu bieten, wenn man »dohoim« schon trainiert hat: Kletterei an Kalkfelsen von zehn bis 90 Metern Höhe, im weiter entfernten Donautal bis 120 Meter Höhe. Ausgangspunkte zu den Gebieten sind die Orte Kirchheim (Klettergebiet Lenninger Tal), Bad Urach (Ermstal) sowie die Felsgebiete um Reutlingen, alle nur etwa 30 bis 40 Kilometer von Stuttgart entfernt.

Adresse Friedrich-Strobel-Weg 3, 70597 Stuttgart-Degerloch, www.kletterzentrum-stuttgart.de | **ÖPNV** U 7, U 8, Haltestelle Waldau | **Öffnungszeiten** Mo, Mi, Fr 13 – 23 Uhr, Di, Do, Sa, So 9 – 23 Uhr | **Tipp** Kletterplätze gibt es am Neckar in Hessigheim und im Remstal im Steinbruch Stetten sowie in der Schwäbischen Alb, viele Infos unter www.klettern-stuttgart.de und www.dav-felsinfo.de.

47__Der Kriegsberg
Rebflächen bis zum Hauptbahnhof

Auf etwa der Hälfte der 28 Stuttgarter Gemarkungen wird Wein angebaut. Rein rechnerisch machen die übers Stadtgebiet verteilten über 400 Hektar an Einzellagen zwar nur um die zwei Prozent aus, optisch und gefühlt sind die Weinberge aber viel dominanter, denn sie umgeben die Stadt nicht nur an ihrem Rand, sondern reichen bis mitten ins Zentrum. Der denkmalgeschützte Weinberg oberhalb der Jägerstraße liegt nur etwa 300 Meter vom Hauptbahnhof entfernt – und gilt als die vermutlich teuerste Weinlage Deutschlands, denn als Baugrund wäre die 1,5 Hektar große Steillage sicherlich Millionen wert.

Als noch Dampflokomotiven in Betrieb waren, berichtet Werner Sautter im »Handbuch Stuttgart« mit verständlicher Skepsis, habe es doch tatsächlich Weintrinker gegeben, die einen leichten Rauchton im Wein schmecken wollten. Heute wächst hier unter der Aufsicht der Stuttgarter IHK und der Landesbausparkasse die Grundlage für den Kammerwein mit der Einzellagenbezeichnung Kriegsberg.

Mitten im Rebhang thront das Weinberghaus, groß genug für kleine gesellige Runden. Weinberghäuser dieser Größe errichteten sich einst nur wohlhabende Bürger, meist, um dort Gäste zu bewirten. Das hat bis heute Tradition. Im rustikalen Gewölbekeller findet etwa zwei-, dreimal im Jahr ein »Gedankenaustausch« bei Wein statt: Ein offenes Gespräch zwischen einflussreichen Wirtschaftsbossen, wendigen Politikern, gewitzten Bankern und den Chefredakteuren der wichtigsten Landeszeitungen soll es dort geben, streng geheim natürlich. Es braucht nicht allzu viel Phantasie, um sich solche Runden in einem Bundesland vorzustellen, das fast sechs Jahrzehnte von der gleichen Partei regiert wurde. Gerüchteweise soll dort oben auch der Entschluss vorbereitet worden sein, den neuen Bahnhof im Untergrund zu versenken. Doch solche Runden sind sicher keine Stuttgarter Spezialität – nur das Ambiente ist einzigartig.

Adresse Jägerstraße, 70174 Stuttgart-Mitte | **ÖPNV** U 5 – U 15, S 1 – S 6, Haltestelle Hauptbahnhof | **Tipp** Der Kriegsbergturm auf dem Kriegsberg ist nur zu besonderen Anlässen geöffnet – so bietet etwa das Stuttgarter Stadtmarketing eine »Türme-Tour« an.

48 Das Landwirtschaftsmuseum
Ackerraupe und Dieselross

Den roten Porsche mit der schnittigen Linienführung und dem Hinterradantrieb kann man nur ausgesprochen schön nennen. Und sogar beim Fahren über frisch gepflügte Äcker lässt sich der Motor nicht abwürgen. Denn bei den in Hohenheim ausgestellten Veteranen handelt es sich um Traktoren. Besonders die roten Schlepper des Zuffenhausener Sportwagenherstellers sind heute für Oldtimerfans begehrte Liebhaberobjekte.

In der Gegenwart als Nutzfahrzeug nicht mehr wegzudenken, mussten Bauern bis ins 19. Jahrhundert ohne diese Landmaschine auskommen. Zuvor konnten für die Arbeit auf den Feldern nur Pferd oder Ochse zu Hilfe genommen werden. Im Hohenheimer Landwirtschaftsmuseum wird eine Vielzahl historischer Gerätschaften, von einfachen Ackergeräten bis zu kolossalen Mähdreschern, tonnenschweren Pflügen und PS-starken Hightech-Schleppern, präsentiert.

An die Stelle von Zugtieren traten die Schlepper, die Handarbeit wurde von Maschinen abgelöst. Ferdinand Porsche unternahm in den 1930er Jahren erste Konstruktionsversuche zum Bau von Traktoren – wie der VW-Käfer die Massenmobilität ermöglichte, sollte der »Volksschlepper« für eine zügige Motorisierung der Landwirtschaft sorgen. In den 1950er Jahren gehörten die zuverlässigen und leistungsstarken Porsche-Traktoren zu den meistverkauften Schleppern Deutschlands. Doch 1963 kam das Ende einer Ära – die Produktion wurde eingestellt.

Das Museum wiederum geht auf die anlässlich eines Wettpflügens in Hohenheim 1958 gezeigte historische Pflugausstellung zurück. Neben den Räumen an der Garbenstraße gibt es weitere Ausstellungshallen an der Filderhauptstraße. Dort sind auch dampfbetriebene Schlepper und Dreschmaschinen zu sehen. Einige von ihnen wurden zwischen 1819 bis 1904 in der Ackergerätefabrik in Hohenheim hergestellt, einer der ältesten Deutschlands.

Adresse Garbenstraße 9 und Filderhauptstraße 179, 70599 Stuttgart-Plieningen, www.dlm-hohenheim.de | **ÖPNV** U 5, U 6, U 2, Haltestelle Möhringen, umsteigen in U 3, Haltestelle Plieningen | **Öffnungszeiten** April–Okt. Di–Fr 10–13 und 14–17 Uhr, Sa, So 10–17 Uhr; Nov.–März So 10–17 Uhr | **Tipp** Das Weinbaumuseum in der ehemaligen Ortskelter von Uhlbach informiert über die Welt der Wengerter und Stuttgarts Weine, www.stuttgarter-weinbaumuseum.de.

49__Der Lebensbaum

Die Wandmalereien in der Gaisburger Kirche

Über ein steiles Sträßchen gelangt man von der Wangener Straße hinauf auf die Anhöhe oberhalb des Gaisburger Industriegebiets. Von Martin Elsässer 1911 bis 1913 erbaut, zeitgleich zur ebenfalls von dem jungen Architekten stammenden Markthalle, thront dort die Gaisburger Kirche. Während der frühe Betonbau des Neuen Stils von außen klassizistisch streng wirkt, zeigt das Gotteshaus innen überraschende Leichtigkeit. Doch vor allem beeindruckt das monumentale Jugendstil-Wandbild von Käte Schaller-Härlin (1877–1973) in der Apsis. Für die Darstellung der Schöpfungsgeschichte schuf die Stuttgarter Künstlerin dunkle, grün- bis türkisfarbene Bilder, umrahmt von den floralen Mustern eines Lebensbaums.

Für die damalige Zeit hat die Künstlerin einen außergewöhnlichen Werdegang beschritten. 1877 in Mangalore (Westindien) als Tochter eines Missionars geboren, führte ihre Ausbildung sie nach München, Florenz, Rom und Paris – und schließlich nach Stuttgart, wo sie Vorlesungen von Adolf Hölzel besuchte. Aus gesellschaftlichen Zwängen konnte sich Käte Härlin offensichtlich schon früh befreien: Sie scheint auf eine selbstverständliche Weise emanzipiert gewesen zu sein – zu einer Zeit, als dies keineswegs üblich war, denn Frauen waren an den meisten Kunstakademien gar nicht oder nur in Damenklassen zugelassen. Wie ihre männlichen Kollegen unternahm die junge Künstlerin Reisen in die Kunstzentren Europas.

Nach dem frühen Tod ihres Ehemanns Hans Otto Schaller im Ersten Weltkrieg verdiente sie ihren Lebensunterhalt zunehmend mit Porträtmalerei.

Sie wurde zur gefragten Auftragsmalerin, die vor allem für ihre einfühlsamen Kinderbildnisse bekannt war. Mit ihrer Hinwendung zur Wandmalerei und Glasfenstergestaltung eroberte sie sich erneut ein zu ihrer Zeit für Frauen ungewöhnliches Terrain. Käte Schaller-Härlin wurde 95 Jahre alt – und blieb bis ins hohe Alter künstlerisch produktiv.

Adresse Faberstraße 17, 70188 Stuttgart-Ost, www.gaisburger-kirche.de | **ÖPNV** U 7, Haltestelle Gaisburg | **Öffnungszeiten** Ostern–Okt. So 14–16 Uhr | **Tipp** Ein Selbstporträt der Malerin aus dem Jahr 1923 – selbstbewusst, mit Pinsel und Palette in ihrem Atelier – hängt in der Staatsgalerie. Auch die Familie von Theodor Heuss (ihn selbst, seine Frau Elly Knapp und den Sohn) hat die Künstlerin porträtiert (siehe Seite 206).

50__ Der Leibfriedsche Garten

Eine Verkehrsinsel als Aussichtshügel

Rundumblick garantiert: Zwischen befahrenen Ausfallstraßen liegt die kleine Grünanlage – eigentlich nur eine große Verkehrsinsel. Zugänglich ist sie für Fußgänger und Radfahrer über mehrere Brücken. Auf dem höchsten Punkt, in 309 Metern Höhe, thront die »Bastion Leibfried«, dort, wo sich früher der Wasserbehälter für die Springbrunnen der Villa Moser befanden.

Der wohlhabende Schokoladenfabrikant Moser – als Marke gibt es Moser-Roth nach wie vor, sie wird allerdings nicht mehr in Stuttgart hergestellt – ließ sich hier Ende des 19. Jahrhunderts eine großbürgerliche Gründerzeitvilla erbauen, die später sein Schwiegersohn erbte, der Leibfried hieß. Von der im Zweiten Weltkrieg zerstörten Anlage blieben nur geringe Baureste und ein Mammutbaum aus dem einst drei Hektar großen Privatpark.

Anlässlich der Realisierung des Grünen U für die »Internationale Gartenschau 1993« gestaltete der Bildhauer Hans-Dieter Schaal die Überreste zum »übergehbaren« Kunstobjekt. Die Ruine der Villa wird der Natur überlassen, Stege führen über die von der Vegetation überwucherten Reste und um sie herum.

Eine Seilnetzbrücke über die Nordbahnhofstraße verbindet den Leibfriedschen Garten mit dem Rosensteinpark, über eine Hängebrücke gelangt man zum Wartberg (beide entwarf Jörg Schlaich, der Konstrukteur des Killesbergturms). Entlang dieses »Stationenwegs« im Grünen U entstanden weitere Kunststationen.

Die kegelförmige Anhöhe im Leibfriedschen Garten ließ der Garten- und Landschaftsarchitekt Hans Luz, Mitglied der Planungsgruppe für die IGA, anlegen, um auf halber Strecke einen Aussichtspunkt mit Blick auf die Stadtlandschaft zu schaffen. Inklusive einiger Details, die sich erst auf den zweiten Blick erschließen. Wer zur Bastion hinaufwill, wird schnell feststellen: Die »Scheintreppen« eignen sich nicht, um hinaufzugelangen – ihre Stufen sind zu steil.

Adresse Pragsattel, Heilbronner Straße, 70191 Stuttgart-Nord | **ÖPNV** U6, U7, U13, U15, Haltestelle Pragsattel | **Tipp** In der Regel schützt ein Zaun menschliches Hab und Gut – im »Sanctuarium« von Herman de Vries verhält es sich genau andersherum: Ein kreisförmiger, übermannsgroßer Zaun aus Stahlstäben schützt symbolisch die Natur vor dem Menschen. Die Kunststation blieb auch nach der IGA 1993 im Leibfriedschen Garten.

51 Der Lesesaal

Die Württembergische Landesbibliothek

So schön kann also Betonarchitektur sein! Das spröde Material wurde zu schlanken Säulen gegossen, Öffnungen in den Wänden sorgen für interessante Lichtverhältnisse. Doch unbeeindruckt vom 70er-Jahre-Charme der Umgebung, herrschen hier Konzentration und Wissbegierde: Im Lesesaal wird vor allem – gelesen.

Von außen wirkt das Gebäude so unscheinbar, dass man es zwischen den postmodernen Bauten der Kulturmeile und der historischen Eleganz des Wilhelmsbaus fast übersieht. Etwas in die Jahre gekommen ist der Komplex außerdem. Betritt man die Württembergische Landesbibliothek (WLB) dann durch die Glastür, fühlt man sich erst recht in eine vergangene Ära zurückversetzt: Die lange Reihe der Spinde mit Holzfurnier und der Schließfächer in der Eingangshalle, die Betontreppe, die Cafeteria – alles filmreif, nur die Schlaghosen und Hippieblusen fehlen im Bild. Museal ist die Bibliothek aber keineswegs: Nicht nur Studenten steht sie offen, jeder Interessierte kann auf ihren Bestand zugreifen, über 33.000 Lese- oder Lernwillige aller Altersklassen tun das regelmäßig. Schlag neun Uhr wird jeder freie Platz im beeindruckenden Lesesaal belegt.

Das Württembergische an der Einrichtung ist ihr Sammlungsschwerpunkt: Seit 1817 fungiert die WLB als Archivbibliothek für das württembergische, seit 1964 für das baden-württembergische Pflichtexemplar – von jedem in Ba-Wü gedruckten Buch muss ein Exemplar hier abgeliefert werden. Sie sammelt zudem Literatur über Land, Leute und Orte, erschließt und archiviert auch Websites und Publikationen im Internet. Der Bestand der größten wissenschaftlichen Bibliothek des Landes umfasst mehr als 5,7 Millionen Medien, darunter auch wertvolle Handschriften und frühe Drucke, eine kostbare Bibelsammlung und Forschungsarchive zu Friedrich Hölderlin und Stefan George sowie die »Bibliothek für Zeitgeschichte« – eine der größten Spezialbibliotheken zur Geschichte des 20. Jahrhunderts.

Adresse Konrad-Adenauer-Straße 8, 70173 Stuttgart-Mitte, www.wlb-stuttgart.de |
ÖPNV U 1, U 2, U 4, U 5, U 6, U 7, U 12, U 15, Haltestelle Charlottenplatz | **Öffnungszei-
ten** Mo–Fr 9–20 Uhr, Sa 9–13 Uhr; einmal pro Monat Führung durch das Haus, Infos
unter »Service« auf der Website oder Tel. 0711 / 2124454 und 2124468 | **Tipp** An der Trep-
pe von der Urbanstraße zum Oberlandesgericht Stuttgart erinnert eine Inschrift an die un-
rühmliche Rolle der Justiz in der Nazizeit: »Den Opfern der Justiz im Nationalsozialismus
zum Gedenken. Hunderte wurden hier im Innenhof hingerichtet. Den Lebenden zur
Mahnung.«

52__ Die Leuchtreklame
Schwäbische Symbole

Wer bei Stuttgart auf der A 8 unterwegs ist, unterquert eine gewaltige Stahlkonstruktion – und den zweitgrößten Schriftzug der Welt nach dem überdimensionalen Hollywood-Sign! Denn an den Längsseiten des riesigen Messeparkhauses prangen direkt über den Fahrbahnen insgesamt 55 Meter breit die großen Bosch-Schriftzüge. Jeder der acht Meter hohen Buchstaben wiegt rund vier Tonnen, das zugehörige Logo »Zündanker im Kreis« sogar zwölf Tonnen. Längst eine Landmarke wie die Bayer-Leuchtreklame bei Leverkusen, passt sich die Leuchtstärke des Schriftzugs automatisch den jeweils herrschenden Licht- und Witterungsverhältnissen an, um die Autofahrer nicht zu blenden.

Für Passagiere, Besucher und Mitarbeiter stehen rund um den Flughafen Stuttgart etwa 17.000 Parkplätze zur Verfügung – 1970 war es gerade mal ein Zehntel davon. Neben den Parkhäusern, den Kurzzeit- und Langzeitplätzen kann auch auf die Stellplätze der Messe Stuttgart zurückgegriffen werden. Dazu gehört das markante, aus zwei »Fingern« bestehende Bosch-Parkhaus mit Platz für 4.200 Autos. Der mehr als 400 Meter lange, brückenartige Bau spannt sich über die A 8, eine der meistbefahrenen Autobahnen Deutschlands. Den Tragwerksplanern zufolge hat das Gebäude ein Volumen von etwa 1.500 Einfamilienhäusern auf einer Brücke. Doppelt so viel Stahl wie im Pariser Eiffelturm – quasi in jedem Parkfinger einer – wurden bei diesem gigantischen Brückenparkhaus verarbeitet.

Spektakulär war auch die Montage des Parkhauses, für die das sogenannte Taktschiebeverfahren angewendet wurde. Um eine Behinderung der A 8 möglichst auszuschließen, fanden die Verschübe über laufendem Verkehr statt – etwa sechs Meter pro Stunde ging es voran. Beeindruckend ist der 2007 mit dem Europäischen Stahlbaupreis ausgezeichnet Ingenieurbau ohne Zweifel, doch aufgrund der hohen Kosten und meist nur geringer Auslastung nicht wirtschaftlich zu betreiben.

Adresse Landesmesse Stuttgart, 70629 Stuttgart-Flughafen | **ÖPNV** S 2, S 3, Haltestelle Flughafen (Airport) | **Tipp** Ganz in der Nähe kann auf einem kurzen Spaziergang von Echterdingen aus die Zeppelinstein besucht werden (siehe Seite 228).

53__Die Linien 21 und 23

Immer wieder sonntags ...

... fahren Oldtimer durch Stuttgart. Einige der Museumsfahrzeuge der Stuttgarter Straßenbahnwelt sind fahrtüchtig und zwei von ihnen sonntags im Einsatz: Linie 23 verkehrt bis zum Fernsehturm, Linie 21 von Bad Cannstatt zum Hauptbahnhof und in die Innenstadt. Untergekommen im 1929 erbauten Straßenbahnbetriebshof in Cannstatt, einem denkmalgeschützten Backsteinbau nahe dem Wasen, stellt das Museum zur Geschichte des Stuttgarter Nahverkehrs rund 50 historische Schienenfahrzeuge zur Schau.

Schon 1886 verkehrte die erste »Stuttgarter Pferde-Eisenbahn«. Auch eine solche Veteranin, ein offener Pferdebahnwagen SPE 1 aus den Anfängen des Stuttgarter Straßenbahnbetriebs, gehört zu den Ausstellungsstücken. Nur ein Jahr später, 1887, setzte Gottlieb Daimler ein Schienenfahrzeug mit Motorkraft in Gang: Sein kleiner offener Triebwagen, eine Art fahrbare Bank mit Markisendach, tuckerte auf einem Schmalspurgleis von 450 Millimetern Spurweite vom Kursaal zum Wilhelmsplatz. Das Daimler Waggonet genannte Wägelchen mit einer Leistung von anderthalb Pferdestärken wurde zur Attraktion beim Cannstatter Volksfest. Für den Bau der 700 Meter langen Strecke zeichnete der Direktor der Neuen Stuttgarter Straßenbahngesellschaft (NSS) verantwortlich – wegen der Steigungen suchte er nach einer Möglichkeit, von seinen Pferden unabhängig zu werden.

Zur Dauereinrichtung wurden die benzinbetriebenen Straßenbahnen jedoch nicht, obwohl 1890/92 auch im Wiener Prater und in Palermo solche Publikumsbahnen zum Einsatz kamen – doch nun machte bereits die Elektrizität als Antriebsart von sich reden. 1889 schlossen sich NSS und Stuttgarter Pferdebahngesellschaft (SPE) zur SSB zusammen, und schon 1895 wurden die Rösser ausgespannt und die erste elektrische Strecke in Betrieb genommen – zwischen Charlottenplatz und Berg. Um 1900 war sie für viele tausend Fahrgäste bereits ein zuverlässiges Verkehrsmittel.

Adresse Straßenbahnwelt, Veielbrunnenweg 3, 70372 Stuttgart-Bad Cannstatt, www.stras-senbahnwelt.com | **ÖPNV** U 1, U 2, Haltestelle Mercedesstraße | **Öffnungszeiten** Mi, Do, So 10–17 Uhr; Linie 21 ab Straßenbahnwelt So 10.30, 12.30, 13.30, 14.30, 15.30, 16.30 Uhr, Linie 23 11.20, 14.20 Uhr | **Tipp** In der Nähe der Straßenbahnwelt sprudelt die Veielquelle im Veielbrunnenweg. Der Brunnen für die Heilquelle ist von einem Halbrund mit steinerner Schildkröte und Krebs eingefasst. Eines der Daimler Waggonets, Baujahr 1894, steht im Mercedes-Museum in Untertürkheim.

54 Luginsland

Eine Gartenstadt für Arbeiter

Von der Grabkapelle auf dem Rotenberg schaut man über Weinberge weit ins Land hinaus. Luginsland heißt auch die Siedlung unterhalb. Eingebettet in die Rebenhänge liegt die Untertürkheimer Gartenstadt, die von Daimler-Mitarbeitern erbaut wurde.

Wohnraum war in Stuttgart schon immer knapp. Die Wohnungsnot hatte sich zu Beginn des 20. Jahrhunderts durch den Zuzug weiterer Arbeitskräfte vom Land noch vergrößert, denn nicht nur das Daimler-Werk in Untertürkheim war stark gewachsen. Einige Arbeiter nahmen die Sache damals selbst in die Hand: 1911 gründete eine Gruppe von Monteuren, Schlossern und Werkzeugmachern die Baugenossenschaft »Eigenes Heim«.

Ihr Ziel waren keine Mietskasernen, sondern kleine Gebäude mit Gartenanteil in der Nähe vom Arbeitsplatz, »gesunde und billige Wohnungen« mit Platz für Obst- und Gemüseanbau.

1898 erschien in England ein Buch von Ebenezer Howard, »Tomorrow«, in dem er das Modell einer Gartenstadt entwickelte als Gegenentwurf zu den Mietskasernen und Slums der Industriestädte. Weg von den Schloten der Fabriken, in die Sonne, ins Grüne! Genossenschaft und lebenslanges Mietrecht statt Mietwucher und Spekulation! Nur wenige Jahre später machte man sich in der Nähe Londons an die Verwirklichung dieser Vision, und auch in Deutschland fand die Idee unter Reformern und Genossenschaftlern Anklang. 1902 wurde bei Berlin die Deutsche Gartenstadtgesellschaft gegründet, 1906 stiftete Margarethe Krupp das Startkapital für die Gartenstadt Margarethenhöhe bei Essen.

Für die Stuttgarter Siedlung erwarb man etwa neun Hektar Land auf der grünen Wiese. Dort entstanden in den Jahren bis 1915 über 100 Einfamilien-, Reihen- und Doppelhäuser an kleinen Wohnstraßen sowie der sogenannte »Dreispänner«: ein Dreifamilienhaus mit drei selbstständigen Wohnungen und drei separaten Eingängen, ein Modell, das zum Vorbild auch für andere Orte wurde.

Adresse 70327 Stuttgart-Luginsland | **ÖPNV** Bus 60, Haltestelle Luginsland | **Tipp** Luginsland ist umgeben von Weinbergen, daher kann man nach einem Ausflug gut in einer Besenwirtschaft einkehren, sofern sie gerade geöffnet hat, etwa beim Weingut Gerhard Zaiß in der Gehrenwaldstraße 5.

55 Das Mahnmal

Erinnerung an die Opfer des Nationalsozialismus

Nur wer sich nah an die schweren Blöcke wagt und fast unter die Spitze des oberen Steines kriecht, kann den Text lesen. Drei massive Steinquader aus schwarzem Granit stehen leicht versetzt zueinander, ein vierter Würfel liegt – mit einer Ecke verkantet – obenauf. Im so entstandenen Hohlraum zwischen den massigen Würfeln sind einige Zeilen des Philosophen Ernst Bloch auf einer schwarzen Granitplatte in den Boden eingelassen.

Das überlebensgroße Mahnmal, das 25 Jahre nach Kriegsende am Volkstrauertag, dem 8. November 1970, eingeweiht wurde, erinnert an die Opfer des Nationalsozialismus. Seit der Eröffnung der Stauffenberg-Erinnerungsstätte 2006 im Alten Schloss hat das Mahnmal außerdem einen neuen Kontext bekommen. Zudem liegt es unweit des einstigen »Hotel Silber« in der Stuttgarter Dorotheenstraße, das bis 1945 Gestapozentrale des Landes war – in der verhört, gefoltert und gemordet wurde – und Inbegriff der Nazi-Schreckensherrschaft.

Zwar hatte Oberbürgermeister Dr. Arnulf Klett schon bald nach Kriegsende der »Vereinigung der Verfolgten des Naziregimes« die Errichtung eines Mahnmals zugesagt, aber erst Ende der 1960er Jahre wurde ein Wettbewerb ausgelobt. Nach heftigen und langwierigen Auseinandersetzungen über Standort und Art des Mahnmals wurde der Text des Tübinger Philosophen Ernst Bloch (1885–1977) angenommen und ein Dutzend Bildhauer aus Baden-Württemberg eingeladen, ein Kunstwerk in Bezug dazu zu gestalten. Neun Künstler nahmen die Herausforderung an und reichten Anfang 1969 ihre Vorschläge ein – am Ende sprach sich der Gutachterausschuss für den Vorschlag des jungen Bildhauers Elmar Daucher aus. Nun liest man unter den dunklen Granitblöcken des Künstlers: »1933–1945 Verfemt Verstossen Gemartert Erschlagen Erhängt Vergast Millionen Opfer der Nationalsozialistischen Gewaltherrschaft beschwören Dich: Niemals wieder!«

Adresse Stauffenbergplatz, 70173 Stuttgart-Mitte | **ÖPNV** U 1, U 2, U 4, U 5, U 6, U 7, U 12, U 15, Haltestelle Charlottenplatz | **Tipp** Nur wenige Meter entfernt stehen auf dem Stauffenbergplatz auch drei Kunstwerke des österreichischen Bildhauers Alfred Hrdlicka, »Sterbender«, »Marsyas I« und »Hommage à Sonny Liston«.

56__Die Mammutbäume

Exoten an der Neuen Weinsteige

Sie sind die Riesen unter den Bäumen. Aus dem Gebirge der Sierra Nevada in Kalifornien stammt der Sequoiadendron giganteum, auch Berg-Mammutbaum genannt. In seiner Heimat kann er bis zu 80 Meter hoch und über 3.000 Jahre alt werden. Was machen amerikanische Riesenmammuts an der Alten Weinsteige? Und an weiteren über 280 registrierten Standorten in Baden-Württemberg?

Um 1850 verbreitete sich die Kunde von einem neu entdeckten Wunderbaum, den die Amerikaner »Wellingtonia« nannten. Schon bald schickten die Botaniker größere Samenmengen nach Europa – vor allem nach England. Aber auch der württembergische König Wilhelm I. importierte Samen des Mammutbaums. Eigentlich hatte die königliche Forstdirektion 1864 nur ein Lot Samen bestellt – etwa 16 Gramm. Doch stattdessen bekam sie ein halbes Kilo geliefert. Wahrscheinlich durch eine Verwechslung zwischen reinen Samenkörnern und Zapfen mit Samen oder einen Schreibfehler wurde statt einem »Lot«, das hätte bestellt werden sollen, ein Pfund des Samens vom größten Baum der Welt geordert.

Die überzähligen Samen wurden 1865 in den Kalthäusern der Wilhelma ausgesät. Zwei Jahre später wurden mehr als 6.000 Jungpflanzen im ganzen Land an Förster verteilt und an Interessenten verkauft, um zu erproben, ob der schnell wachsende Baum auch in deutschen Wäldern heimisch würde. Aus dieser Aussaat stammen auch die Exemplare im Wernhaldenpark unterhalb der Neuen Weinsteige. Daneben zieren die immergrünen Nadelbäume den Weißenburgpark, den Rosensteinpark, zahlreiche Privatgärten – und den Exotischen Garten der Universität Hohenheim. In die Liste der dicksten Mammutbäume Deutschlands hat es aber noch kein Stuttgarter Exemplar gebracht. Dafür muss ein Umfang von über sieben Metern erreicht werden, aus dem der Stammdurchmesser ermittelt wird – in Baden-Württemberg ist das bislang 13 Bäumen gelungen.

Adresse im Wernhaldenpark unterhalb der Neuen Weinsteige, 70180 Stuttgart-Süd | **ÖPNV** U 5, U 6, U 8, U 12, Haltestelle Weinsteige | **Tipp** In der Wilhelma führt ein eigens entwickelter Rundgang für Baumfreunde zu Mammutbäumen und anderen markanten Exemplaren auf dem Gelände, www.wilhelma.de/de/besuch/rundgaenge/fuer-baumfreun-de.html.

57__Die Merkursäule

Ein Wasserturm in Säulenform

Mercurius gilt als der Götterbote, Gott der Kaufleute – und der Diebe. In Stuttgart wacht der Jüngling mit dem geflügelten Helm über Schloss- und Schillerplatz zugleich. Doch bei ihrer Errichtung 1598 trug die dorische Säule keinen goldenen Merkur, sondern einen hölzernen Kasten. Das viereckige Behältnis diente als Wassertank zur Versorgung der Brunnen in der näheren Umgebung und des herzoglichen Lustgartens.

Bis ins 16. Jahrhundert war das Schloss von einem tiefen Wassergraben umgeben, der vom Nesenbach gespeist wurde. Ab 1533 strebte Herzog Christoph eine Veränderung der wehrhaften Burg zum repräsentativen Schloss an. Nach seiner teilweisen Trockenlegung diente der Graben unter anderem als Bärenzwinger; das Schloss erreichte man jedoch nach wie vor über vier Brücken. Im Zuge des Umbaus ließ der Herzog einen Renaissance-Lustgarten erstellen, der bis ins 18. Jahrhundert erhalten blieb. Der eigens errichtete »Wasserturm« diente als Reservoir.

Die vergoldete, von Johann Ludwig von Hofer (1801–1887) geschaffene Figur wurde erst 1862 auf das reich ausgearbeitete Kapitell gesetzt, als die Stuttgarter Wasserversorgung längst anderweitig funktionierte. Der in Ludwigsburg geborene Künstler avancierte zum württembergischen Hofbildhauer: Er schuf nicht nur das vier Meter hohe Reiterstandbild des Herzogs Eberhard im Bart im Hof des Alten Schlosses, sondern auch die Concordia auf der Jubiläumssäule König Wilhelms I. vor dem Neuen Schloss und das Reiterstandbild König Wilhelms I. im Vorhof der Alten Staatsgalerie. Vorbild war der Florentiner Merkur von Giovanni di Bologna. Ludwig Hofer erhielt zwar seine Ausbildung in seiner Vaterstadt und in Stuttgart, doch lebte er auch längere Zeit in München. Von dort ging er 1823 nach Rom, wo er die ersten fünf Jahre seines Aufenthalts in der Werkstatt des dänischen Bildhauers Thorvaldsen arbeitete. 1838 kehrte er nach Stuttgart zurück.

Adresse vor der Alten Kanzlei, Planie, 70173 Stuttgart-Mitte | **ÖPNV** U5, U6, U7, U15, Haltestelle Schlossplatz | **Tipp** Das Kosakenbrünnele am Fuß der Säule verdankt seinen Namen den Kosaken der Napoleonischen Kriege, die 1814 auf dem Schillerplatz lagerten und ihre Pferde tränkten.

58__Das Metropol
Der alte Stuttgarter Bahnhof

Schon vor dem Ersten Weltkrieg genügte der alte Stuttgarter Bahnhof den Anforderungen der wachsenden Großstadt nicht mehr. Die technische Entwicklung schritt voran, und der Bahnhof stieß an seine Grenzen. Daher wurde trotz des Kriegsbeginns im Jahr 1914 mit der Planung eines Neubaus (am heutigen Standort) begonnen, der zwar erst 1927 gänzlich fertiggestellt war, aber schon vorher teilweise den Betrieb aufnahm. 1922 wurde der alte Bahnhof stillgelegt, die Gleisanlagen zur Überbauung freigegeben und die Lautenschlagerstraße angelegt.

Heute erinnern noch drei von ehemals fünf Portalbögen der Eingangshalle am Kino Metropol an den alten Bahnhof. Sie stammen von dessen repräsentativer Erweiterung im Jahr 1867; 1846 hatte Stuttgart Bahn und Bahnhof bekommen, ein Jahr nach Bad Cannstatt und der dortigen ersten Eisenbahn Württembergs.

Anstelle der alten Bahnhofshalle entstand Mitte der 1920er Jahre an der heutigen Bolzstraße der sogenannte UFA-Palast, der für Lichtspielvorführungen bestimmt war, mit etwa 7.000 Sitzplätzen damals das größte Stuttgarter Kino. In den Neubau integriert wurde auch die vom Abbruch verschont gebliebene alte Bahnhofsfassade mit drei Arkadenreihen, um sie als »errichtetes Wahrzeichen der Entwicklung Stuttgarts und des Württembergischen Staatseisenbahnwesens der Nachwelt zu erhalten«.

Nach dem Krieg zog in das zerstörte und wiederaufgebaute Gebäude der Metropol-Palast. Das große Vergnügungsetablissement mit Varieté, Kino, Restaurant, Bierlokal, Dachgarten, Kabarettbar, Tanzcafé und Kinderattraktionen war in den 1950er Jahren die Starbühne Stuttgarts. 1960 wurden jedoch die Varieté-Veranstaltungen aufgrund der gewandelten Nachfrage zugunsten der Filmvorführungen eingeschränkt und für die Palast-Lichtspiele auch bauliche Veränderungen vorgenommen. Erst bei der Renovierung im Jahr 2000 wurde eine der abgehängten Lichtkuppeln wieder freigelegt.

Adresse Bolzstraße 10, 70173 Stuttgart-Mitte | **ÖPNV** U 5, U 6, U 7, U 15, Haltestelle Schlossplatz | **Tipp** Einen eigenen Eingang zum Bahnhof hatte das Hotel Marquardt. Der Eckbau zur Königstraße war lange Zeit das erste Haus am Platz mit vielen illustren Gästen.

59___Die Milchbar

Kaltgetränke auf der Karlshöhe

343 Meter hoch ist die Karlshöhe, ein beliebter Ausflugs- und Freizeitort für die Stuttgarter. Doch statt einer Kuppe besitzt die Anhöhe an ihrer höchsten Stelle einen Krater. Durch den einstigen Steinbruch zum Abbau von Schilfsandstein – aus dem viele große Stuttgarter Gebäude wie etwa die Stiftskirche und das Alte Schloss erbaut sind – wurde der Gipfel der Anhöhe abgetragen. Ein paar Schritte unterhalb bietet sich vom Biergarten Tschechen & Söhne eine phantastische Aussicht über den Stuttgarter Süden bis zum Schurwald. Gebaut wurde die Gaststätte zur Bundesgartenschau 1961: Architekt Rolf Gutbrod entwarf eine stilvolle »Unterstehhalle« als Milchbar mit Terrasse. Von den »Marshall Gastronomies« 2004 in Abstimmung mit dem Denkmalamt umgebaut, lässt die Anlage mit ihren Retro-Farben das 60er-Ambiente perfekt wieder aufleben.

Die erste deutsche Milchbar wurde zwar bereits 1937 auf dem Internationalen Milchwirtschaftlichen Weltkongress in Berlin eröffnet, größere Verbreitung fanden Milchbars jedoch erst nach dem Zweiten Weltkrieg. Milch, Eis und Sahne, lange genug Mangelware, bezeugten jetzt den wiedergewonnenen Wohlstand. Bewusst angelehnt an den mondänen Begriff »Cocktailbar«, sollte ihr Name der Milchbar einen Hauch von Exklusivität und Lebensart verleihen. Milchbar und Minirock, Bowling und Bossa nova wurden bestimmend für das Lebensgefühl vieler Jugendlicher der Wirtschaftswunderjahre. Es galt als chic, sich in der Milchbar oder Eisdiele zu treffen – mit Bananenmilch oder Capri-Becher verband sich das Flair der großen weiten Welt. Die Milchbar wurde in Schlagern von heute vergessenen Combos wie Margret Fürer & die Penny Pipers besungen, fand Eingang in Literatur und Filme. »Ja, dies ist die Liebe in der Milchbar – jede Maid trifft sich heut' mit ihrem Knilch da!«, reimten bald Spötter. Heutige Gäste ordern ohnehin eher Latte macchiato als Milchmixgetränke.

Adresse Humboldtstraße 44, Karlshöhe, 70178 Stuttgart-Süd | **ÖPNV** U 1, U 14, Haltestelle Marienplatz | **Öffnungszeiten** im Sommer bei schönem Wetter 11 – 24 Uhr | **Tipp** Architekt Rolf Gutbrod schuf auch die »Milchbar am Flamingosee« im Killesberg-Höhenpark für die Deutsche Gartenschau im Jahr 1950.

60__ Der Miniaturlöwe

Am Grab von Claire Heliot

Clara Pleßke kam in New York ganz groß raus. »Most Daring of Lion Tamers«, titelte die New York Times am 29. Oktober 1905, bat die deutsche Tierbändigerin zum ausführlichen Interview und feierte ihre Dressurshow als »One of the Most Thrilling Animal Acts Ever Seen«. Die 1866 in Halle an der Saale geborene Dompteuse war mit ihrer Löwennummer eine weltbekannte Attraktion, besonders groß war ihr Ruhm in England und den USA. Als Künstlerpseudonym hatte sie sich den weltläufiger anmutenden Namen Claire Heliot gegeben.

Die ehemalige Tierpflegerin war erstmals im Leipziger Zoo mit Raubkatzen in Berührung gekommen. Sie erwies sich als geschickt im Umgang mit den gefährlichen Tieren und entwickelte im Laufe der Zeit eine Dressurnummer mit einem Dutzend Löwen und vier Doggen. Der Höhepunkt ihres Auftritts kam zum Schluss – wenn Claire einen der über 150 Kilogramm schweren Löwen auf die Schultern nahm und aus der Manege trug.

Rund zwei Jahrzehnte, ab Ende der 1880er Jahre, ging Clara-Claire auf Tournee und bereiste ganz Europa bis nach Russland und die USA. Auch nach Stuttgart kam sie des Öfteren und trat bei Nills auf – der Zoologische Garten von Johannes Nill war weithin bekannt und zählte bis zu 100.000 Besucher pro Jahr. 1907, nach einem schweren Unfall in einem Zirkus in Kopenhagen, zog sie sich aus der Manege zurück und erwarb den Rappenhof in der Nähe von Stuttgart für 75.000 Goldmark, widmete sich dort der Landwirtschaft und züchtete Pferde.

Doch die Inflation vernichtete ihr Vermögen, und so verbrachte Clara Pleßke verarmt ihre letzten Jahre in einem Stuttgarter Altersheim und starb 1953. »Die Menschen haben mich immer wieder enttäuscht! Meine treuesten Freunde, das waren doch – meine Löwen«, so die Künstlerin kurz vor ihrem Tod. Neben ihrer letzten Ruhestätte auf dem Waldfriedhof hält einer dieser Freunde im Kleinformat Wache.

Adresse Abteilung XVIa, Waldfriedhof, Waldfriedhof 3, 70597 Stuttgart-Degerloch | **ÖPNV** U 1, U 14, Haltestelle Südheimer Platz, von dort Seilbahn | **Öffnungszeiten** 7 Uhr bis zur Dämmerung (je nach Jahreszeit 17 – 20 Uhr) | **Tipp** Auf dem Waldfriedhof finden sich weitere Gräber bekannter Persönlichkeiten – Paul Bonatz, Robert Bosch, Otto Herbert Hajek, Elly Heuss-Knapp und Theodor Heuss, Adolf Hölzel, Ida Kerkovius, Oskar Schlemmer ...

61 Der Moai

Die Osterinsel auf dem Haigst

Bänke und Bäume, Blumen und ein traumhafter Ausblick – der Santiago-de Chile-Platz an der Alten Weinsteige ist schon an sich ein Geheimtipp. Aus etwa 430 Metern Höhe über Normalnull bietet sich eine wunderbare Aussicht auf den Stuttgarter Stadtkessel und weit über Cannstatt hinaus Richtung Osten. Wendet man dem Panorama allerdings irgendwann den Rücken zu, wird man stutzen – über den schönen Flecken wacht eine mannsgroße Skulptur.

Wer beim Anblick des steinernen Wächters an die Osterinsel denkt, liegt genau richtig. Allerdings dürfen die monumentalen Steinskulpturen nicht von der Insel im Pazifischen Ozean exportiert werden, die politisch zu Chile und geografisch zu Polynesien gehört. Seit 1995 ist die Osterinsel als Nationalpark Rapa Nui Teil des Unesco-Weltkulturerbes (Rapa Nui bezeichnet sowohl die Insel als auch deren Ureinwohner und ihre Sprache). Die weltberühmten Steinstatuen werden Moai genannt, Schätzungen zufolge gibt es auf der Osterinsel davon über 800 Exemplare. Trotz umfangreicher Forschung sind sich die Experten weder über die Entstehungszeit noch über den Zweck der kolossalen Figuren einig.

Wie kam die Statue trotz Ausfuhrverbots nach Stuttgart? Georg Kieferle, Stuttgarter Architekt und auch Honorarkonsul Chiles, knüpfte den Kontakt: Auf einer Reise zur Osterinsel lernte er den Bildhauer Bene Tuki kennen und beschloss, einen Moai für Stuttgart in Auftrag zu geben. Der Künstler, der auf der Osterinsel eine kleine Pension betreibt, reist immer mal wieder durch die Welt, um Moai-Skulpturen aus Stein und Holz anzufertigen (ein weiteres Werk des Künstlers steht auf der niederländischen Insel Texel). Das Stuttgarter Exemplar fertigte er in Maulbronn: Im dortigen Steinbruch Lauster sägte man einen Stein zu, aus dem dann Bene Tuki den Moai meißelte. Seit 2006 heißt der Platz Santiago-de-Chile-Platz, im Gegenzug gibt es in der Hauptstadt Chiles eine Plaza de Stuttgart.

Adresse Santiago-de-Chile-Platz, 70597 Stuttgart-Degerloch | **ÖPNV** Zahnradbahn, Haltestelle Haigst | **Tipp** Fremde Kulturen aller Kontinente lassen sich im Linden-Museum, Hegelstraße 1, entdecken.

62 Die Monitorinstallation

Und ewig flimmert die Glotze

In der Kunstakademie flimmert und flackert gerade nichts mehr. Die 92 Fernsehapparate in der Eingangshalle von Neubau II sind abgeschaltet. Die Monitorinstallation von Nam June Paik, 1996 als Kunst am Bau installiert, ist nicht dauerhaft in Betrieb.

Dabei ist »Two-Way-Communication« vermutlich Paiks einzige Arbeit im öffentlichen Raum – viele andere Werke des Künstlers wurden von den großen Museen in aller Welt angekauft. Der in Korea geborene Nam June Paik (1932–2006) gilt als Pionier der Videokunst und erregte immer wieder Aufsehen mit seinen Multimonitorinstallationen, etwa mit einem Medienturm aus 1.003 Monitoren unter dem Titel »The More The Better« zu den Olympischen Spielen in Seoul.

63 Fernsehapparate sind in der Stuttgarter Akademie der Bildenden Künste treppenartig aufsteigend über einem schwarzen Sockel an der Wand montiert. Von dieser Grundform lösen sich einzelne Monitore nach oben hin bis in eine Höhe von elf Metern. Die Installation kann zum einen über den Player im Sockel mit Videodiscs des Künstlers – den Filmen Robotklavier, Binary und Frankenstein – bespielt werden, zum anderen mit Livebildern aus den im Foyer angebrachten Überwachungskameras. Überwachung wird so ironisch verfremdet: Die Beobachteten beobachten sich selbst. Wie nicht selten bei Paiks Werken wird auch hier das Publikum zum Mitmachen aufgefordert: Die Studenten konnten eigene Videoarbeiten in das Kunstwerk einspeisen und so das Fernsehbild verändern.

Inzwischen sind aufgrund von Materialzersetzung allerdings mehrere Geräte defekt. Ein Problem für die digitale Medienkunst, denn so ein Röhrenmonitor lässt sich nicht ohne Weiteres ersetzen. Das Dilemma bei der Restaurierung besteht darin, ob man sich entscheidet, entweder die Funktionsfähigkeit zu erhalten oder das zeittypische Erscheinungsbild – man stelle sich das Ganze einfach mal mit Flachbildschirmen vor.

Adresse Staatliche Akademie der Bildenden Künste, Am Weißenhof 1, 70191 Stuttgart-Nord, www.abk-stuttgart.de | **ÖPNV** U 5, U 12, Haltestelle Killesberg | **Tipp** Der Stuttgarter Künstler Ulrich Bernhardt gestaltete die Stadtbahn-Haltestelle Killesberg mit zwei über 150 Meter langen Fotostreifen. Sein Filmfries zweier »Kulturströme« zeigt Motive von Rhein und Neckar von ihrem Ursprung bis zum Zusammenfluss in Mannheim.

63 Der Nabel

Die Vermessung der Stadt

Der Treppenabgang zur Haltestelle Rotebühlplatz / Stadtmitte und die nähere Umgebung ringsherum sind keine sonderlich heimelige Gegend. Wer würde hier schon gern länger verweilen oder gar den grauen Bodenplatten seine Aufmerksamkeit widmen? So kann es durchaus sein, dass auch Passanten, die hier täglich in den Untergrund hasten, die in das Pflaster eingelassene Metallplatte gar nicht wahrnehmen und nie den Text darauf gelesen haben: »Geografischer Mittelpunkt der Landeshauptstadt Stuttgart, ermittelt vom Stadtmessungsamt«.

1910 hatten Paul Bonatz und Friedrich Eugen Scholer den damaligen Architektenwettbewerb für den Bahnhof gewonnen, ihr Entwurf trug den beziehungsreichen Titel »Umbilicus Sueviae« – der Nabel Schwabens. Ist diese Bronzetafel am Calwer Platz nun der Nabel Stuttgarts? Markiert die von Bildhauer Markus Wolf geschaffene Platte das Konzentrat der Landeshauptstadt, möglicherweise auch die Wurzeln von Baden-Württemberg? Nein, die Mitte ist rein geografisch zu verstehen: 9 10' 19,32" östliche Länge, 48 46' 30,33" nördliche Breite – das ist Stuttgarts Mitte. Kurioserweise markiert die Platte noch nicht mal genau den Mittelpunkt, sondern – zeigt einen Richtungspfeil und die Entfernungsangabe 15 Meter.

Bislang nahm man an, Stuttgarts geografischer Mittelpunkt liege nahe der Stiftskirche, doch nun weiß man es genau: Dank einer komplizierten mathematisch-geometrischen Methode wurde die exakte Vermessung der Stadt möglich. Mit knapp 5.000 Messpunkten konnte der Mittelpunkt in den seit 1942 bestehenden Gemarkungsgrenzen berechnet werden. Und da in naher Zukunft keine Eingemeindungen anstünden, habe sich die Mühe gelohnt, befanden die städtischen Würdenträger bei der Einweihung: Die Markierung sei wichtig für die Identität Stuttgarts. Das rief gleich Spötter auf den Plan, doch eine Diskussion über Sinn und Unsinn des Vorzeige-Nabels gab es nicht – dazu ist er zu unauffällig.

100 JAHRE
SCHWÄBISCHER HEIMATBUND e.V.
1909 – 2009
GEOGRAFISCHER MITTELPUNKT DER
LANDESHAUPTSTADT STUTTGART
ERMITTELT VOM
STADTMESSUNGSAMT STUTTGART
GESTIFTET VON DER STADTGRUPPE STUTTGART
DES SCHWÄBISCHEN HEIMATBUNDS e.V.
UND DEM VERSCHÖNERUNGSVEREIN STUTTGART e.V.

9°10'15,35" ÖSTLICHE LÄNGE
48°46'54,05" NÖRDLICHE B. 2005
15 m VON HIER

Adresse Calwer Platz, 70173 Stuttgart-Mitte | **ÖPNV** U 2, U 4, U 14, S1 – S6, Haltestelle Rotebühlplatz / Stadtmitte | **Tipp** Übrigens: Stuttgart ist zwar die Landeshauptstadt, aber nicht der »Nabel Baden-Württembergs«: Der geografische Mittelpunkt vom Ländle liegt im Stadtgebiet von Tübingen. Er wird von einem steinernen Kegel gekennzeichnet – in einem Stadtwäldchen namens Elysium. An Mittelpunkten soll kein Mangel herrschen: Auch der Mittelpunkt der Region Stuttgart wurde ermittelt – in Strümpfelbach.

64_ Der Neckar-Radweg

Ein Fernweg durchs Ländle

Im Naturschutzgebiet Schwenninger Moos, wo der knapp 360 Kilometer lange Fluss als schmales Rinnsal entspringt, liegt eine Wasserscheide – der Neckar wendet sich nach Norden zum Rhein, andere Wasserläufe zur Donau nach Süden. Bis zur Mündung in den Rhein bei Mannheim wird aus dem kleinen Bächlein ein breiter, ab Plochingen von Schiffen genutzter Verkehrsweg.

Durch Begradigungen und Eindeichungen haben die »sanfte und friedliche Schönheit« und die »grünen, duftenden Ufer« (Mark Twain) des natürlichen Flusslaufs sehr gelitten. Schifffahrt, Wasserkraft und Hochwasserschutz haben dem Neckar ihren Stempel aufgedrückt, Kraftwerke wurden an die Ufer gebaut, die Stück für Stück befestigt wurden. Wehre entstanden, das Flussbett wurde verlegt, begradigt und ausgebaut.

Seit Flüsse ihre Bedeutung als Transportwege und »Wasserstraßen« teilweise verloren haben, dafür Freizeit allerorten hoch im Kurs steht, findet eine Rückbesinnung auf die besondere Qualität vom Leben und Erholen am Fluss statt. Idyllische Neckarauen, nur ein schöner Traum? Die Korrektur früherer Eingriffe in das ökologische Gefüge und die Rückverwandlung in »naturnahe« Landschaften hat auch am Neckar begonnen: Im Rahmen der bundesweiten Kampagne »Lebendige Flüsse« hat man den Fluss zum Teil schon von seinem Betonkorsett befreit. Auch einige Naturschutzgebiete wurden ausgewiesen und einzelne Uferabschnitte renaturiert, allerdings müssen Naherholungsgebiete und Lebensraum für Tiere und Pflanzen streckenweise quasi neu geschaffen werden.

Mark Twain zog bei seinem »Bummel durch Europa« eine Floßfahrt der »erhitzenden, schwitzenden Fußwanderei« vor, heute bietet sich auch die Möglichkeit, am Fluss entlangzuradeln.

Der Neckar-Radweg ist mit einheitlichen Wegweisern ausgestattet, die einen stilisierten Radfahrer vor blauem Hintergrund zeigen.

Adresse 70378 Stuttgart-Hofen, www.neckarradweg.de, www.lebendigerneckar.de |
ÖPNV U14, Haltestelle Hofen | **Tipp** In 80 Kilometern führt der Radel-Thon-Rundweg
rund um Stuttgart, der natürlich auch in Teilstrecken befahren werden kann.

65__ Der Nesenbach

Der echte und der falsche

Durch Kanalisierung und Überdeckelung sind Wasserläufe nicht nur aus dem Stadtbild verdrängt worden, sondern auch aus dem öffentlichen Bewusstsein verschwunden.

Am Nesenbach, nicht am Neckar, liegt Stuttgart, und der kleine Bach hat die Talmulde eingeschnitten, in der die baden-württembergische Landeshauptstadt liegt. Knapp 13 Kilometer nur ist der Wasserlauf unterwegs, von seinem Quellgebiet bei Vaihingen bis zum Neckar, und durchquert die Stadt von Südwest nach Nordost, heutzutage fast vollständig unterirdisch. Nur die Nesenbachstraße erinnert an seinen Verlauf.

Am Restaurant Tauberquelle, das einst an die Stadtmauer grenzte, floss der Nesenbach im Mittelalter in die Stadt und bei der heutigen Dorotheenstraße wieder hinaus. Erst in der zweiten Hälfte des 19. Jahrhunderts verschwand der Wasserlauf aus dem Stadtbild. Heute ist er der wichtigste »Hauptsammler« im städtischen Kanalnetz und transportiert Abwasser und Regenwasser aus dem gesamten südlichen Stadtgebiet in Richtung Neckar und Hauptklärwerk.

Ob der kanalisierte und verdolte Nesenbach jemals wieder an der Oberfläche zu sehen sein wird? Für den neuen Tiefbahnhof muss auch der Nesenbach »tiefergelegt« werden – sprich, er soll die unterirdischen Bahnanlagen noch unterqueren. Düker ist der Fachbegriff dafür, und dass hier nicht gepumpt werden muss, dafür soll ein »Wasserabsturz über 20 Meter« sorgen, der den Bach wieder aufsteigen und weiterfließen lässt. Der Bau dieses Dükers erfordert mithin den tiefsten Eingriff in den Untergrund im Rahmen von Stuttgart 21.

Entlang der Böblinger Straße zwischen Kaltental und Heslach ist der Bachlauf auf etwa einem Kilometer Länge renaturiert worden. Doch dieser Nesenbach ist nicht ganz echt – nur ein Teil des Wassers wurde wieder an die Oberfläche geführt. Der Rest des echten Nesenbachs fließt nach wie vor unterirdisch im Kanal.

Adresse entlang der Böblinger Straße zwischen Kaltental und Heslach, 70199 Stuttgart |
ÖPNV U14, Haltestelle Heslach Vogelrain oder U1, Haltestelle Waldeck | **Tipp** Obwohl
Stuttgart eine Weingegend ist, hat auch das Bierbrauen Tradition – an der Böblinger Straße gab es einst eine Handvoll privater Brauereien. Heute hat hier nur noch die Großbrauerei Stuttgarter Hofbräu ihren Firmensitz – für Gruppen ab 15 Personen dienstags bis don-
nerstags nach Voranmeldung zu besichtigen.

66__Die Nisthilfe
Die Landesanstalt für Bienenkunde

Summ, summ, summ, Bienchen, summ herum – das lautmalerische Kinderlied von Hoffmann von Fallersleben kennt so gut wie jeder. Bienen gehören zu unseren wichtigsten Nutztieren, weil die Bestäubung vieler für die menschliche Ernährung wichtiger Pflanzen von ihnen abhängt. Die Honigerzeugung ist dagegen eher nebensächlich im Vergleich zum Nutzen der »Bestäubungsleistung« – denn für die natürliche Artenvielfalt sind die fleißigen Arbeiterinnen unentbehrlich. Rund 80 Prozent aller Pflanzen sind auf eine Fremdbestäubung angewiesen, und davon übernimmt wiederum etwa 80 Prozent die Honigbiene.

Ein starkes Bienenvolk von etwa 50.000 Arbeiterinnen sammelt pro Tag bei gutem Angebot drei bis fünf Kilo Nektar. Für etwa drei Kilo Nektar sind 100.000 »Ausflüge« erforderlich, und für ein Glas Honig müssen rund fünf Millionen Blüten angeflogen werden!

Bienen sind absolute Hochleistungsflieger – in seinem Leben legt ein Insekt rund 800 Kilometer zurück. Die europäische Honigbiene lebt in einem Staat mit 10.000 bis zu 40.000 Bienen, fast ausschließlich weibliche. Neben der Königin gibt es die Arbeiterinnen, die Honig sammeln, die Larven aufziehen und den Stock verteidigen. Im Sommer werden auch männliche Bienen (Drohnen) aufgezogen. Die Königin ist der Garant für Kontinuität, sie lebt drei bis vier Jahre und überwintert mit ihrem, dann zahlenmäßig reduzierten, Volk.

Die in Plieningen gepflegte Apidologie, also die Bienenkunde, beschränkt sich nicht auf die wissenschaftliche Erforschung der Honigmacher und Lehrveranstaltungen für Studenten. In der Landesanstalt für Bienenkunde kann auch der Hobbyimker seinen Honig untersuchen lassen oder in Kursen seine Kenntnisse vertiefen. Für die imkerliche Praxis wird Versuchsbienenhaltung mit 200 Bienenvölkern betrieben, Stuttgart soll mit über 2.300 Völkern die größte Bienendichte aller deutschen Großstädte zu verzeichnen haben.

Adresse Landesanstalt für Bienenkunde, August-von-Hartmann-Straße 13, 70599 Stuttgart-Hohenheim | **ÖPNV** U 3, Haltestelle Plieningen | **Tipp** Filderhonig, Wilhelmahonig, Wald- und Lindenblütenhonig aus Stuttgart gibt es von der Imkerei Richard Odemer über http://filderhonig.car-instructors.de. Imker Peter Pfeifle bietet jeden Freitag auf dem Biomarkt Wilhelmsplatz (12–18 Uhr) seinen Honig an.

Nisthilfen für Wildbienen

Von den über 500 Bienenarten, die in Deutschland vorkommen, leben die meisten

nicht in Völkern, sondern solitär. Das bedeutet, dass jedes Weibchen ein eigenes Nest

67___Onkel Otto

Montags Schnitzeltag

Sommer, Sonne, blauer Himmel – Traumausflugswetter. Was liegt da näher als ein Ausflug auf die Wangener Höhe – die Luft ist einfach besser als im Kessel. Das Lokal mit Kinderspielplatz, Strand- und Chillecke, Biergarten und lauschiger Laube, in der ein Ölgemälde unterm Wellblechdach hängt, ist designfreie Zone. So rustikal wie die dunklen Kacheln auf dem Weg zum Keller-WC ist auch die Speisekarte: XXL-Schnitzel, Western-Steak und Riesen-Currywurst sind für den großen Hunger gedacht, selbst das Kinderschnitzel schlägt hier konventionelle um Längen (und Breite). Wer aber annimmt, dass hier vor allem müde Wanderer einkehren, die sich die Kalorienzufuhr redlich verdient haben, täuscht sich – viele Gäste fahren mit dem Auto vor. Dabei ist der Aufstieg durch die Gärten auf kleinen Wegen und steilen Staffeln wunderschön. Eine Dreiviertelstunde oder mehr – je nach Kondition – benötigt man für den Weg von der Haltestelle auf die Anhöhe, eine halbe Stunde wieder hinunter nach Wangen.

Noch vor Onkel Otto gab es schon das benachbarte Wirtshaus Friedrichsruh, in dem Wengerter und Obstbauern ihren Durst löschten. Als dieses in den 1960er Jahren längere Zeit geschlossen blieb, stellte die Nachbarin Frieda Epple ihr Gartenhäuschen zur Verfügung, um die Durststrecke zu überbrücken. Gerade mal eine Handvoll Personen hatte dort Platz. Es ging aber so angeregt und gesellig zu, dass die Wirtin irgendwann beschloss, das Lokal offiziell und professionell zu betreiben. Die Laube wurde vergrößert und ein Schild angebracht: »Wanderer sei klug und weise, erquicke dich bei Trank und Speise im Vesperstüble bei Frau Frieda, denn so was war noch nie da.« Fortan hieß das Lokal »Tante Frieda«.

Ende der 1960er Jahre übergab die Namensgeberin ihre Gaststätte an Otto Keilbach, fortan hieß Tante Frieda »Onkel Otto«. Längst haben wieder neue Eigentümer den Laden übernommen – diesmal blieb der Name.

Adresse In den Stubenweinbergen 5, 70327 Stuttgart-Wangen, www.onkelotto-stuttgart.de/fichtenberg.html | **ÖPNV** U 4, U 9, Haltestelle Im Degen oder Inselstraße | **Öffnungszeiten** täglich 12 – 22 Uhr | **Tipp** In unmittelbarer Nachbarschaft steht nach wie vor das Wirtshaus Friedrichsruh. Auf der Website www.wirtshaus-friedrichsruh.de gibt's unter »Historie« noch mehr Anekdoten aus der Gastronomie auf der Wangener Höhe.

68__ Der Palast der Republik
Kesselfieber am Kiosk

Ausgelassenes Gelächter, entspannte Stimmung – jeden Abend verwandelt sich das unscheinbare Häuschen in einen Ort voller Leben. An warmen Sommerabenden drängen sich hier Hunderte, um sich zu treffen und einen der wenigen Plätze zu ergattern: Der Palast der Republik ist Kult. Neben Bänken und Stühlen wird auch jeder freie Zentimeter des Bodens rund um den kleinen Pavillon okkupiert.

Aber kaum einer der jungen Gäste kennt die Geschichte des Szenetreffs: Die Tatsache, dass der von Weitem wie ein Kiosk wirkende Bau ursprünglich als unterirdische Bedürfnisanstalt diente, gilt als nette Anekdote des heutigen In-Treffpunkts und ist vielen bekannt. Dass sich das Szenelokal nicht nur als Toilettenhäuschen, sondern auch als Buchhandlung schon bewährt hat, wissen nur wenige.

Bevor das denkmalgeschützte Häuschen zur Institution im Stuttgarter Nachtleben wurde, diente der Kiosk in der Friedrichsstraße von 1944 bis 1947 als einzige Verkaufsstelle der Firma Wittwer – alle anderen Läden waren zerstört.

Bis ins Jahr 1867 reicht die Firmengeschichte zurück – damals eröffnete die Stuttgarter Traditionsbuchhandlung, die heute zu den größeren Baden-Württembergs gehört und schon in der fünften Generation geführt wird. 1878 übernahm das Unternehmen auch die Bahnhofsbuchhandlung und sorgte so schon früh für die Versorgung des Reisepublikums mit Büchern und Zeitschriften. Im 20. Jahrhundert kamen neue Filialen hinzu, allein ein Dutzend Niederlassungen im Bereich der Königlich-Württembergischen Staatseisenbahn.

In der von Luftangriffen zerstörten Stadt überstand Wittwer die Nachkriegsjahre mit dem kleinen Bücherkiosk, als »Stand A« bezeichnet, denn ungeachtet knapper Papierkontingente und trotz eingeschränkter Produktion gab es nach wie vor Bücher, die verkauft werden konnten. In den 1970er Jahren wurde der Kiosk geschlossen – der Standort lohnte sich nicht mehr.

Adresse Friedrichstraße 27, 70174 Stuttgart-Mitte | **ÖPNV** U 9, U 14, Haltestelle Friedrichsbau | **Öffnungszeiten** Mo–Do 11–2 Uhr, Fr, Sa 11–3 Uhr, So 15–2 Uhr | **Tipp** »Kesselfieber« ist ein Portal für Stuttgarter zum Austausch über die Locations, Bars, Clubs und Events der Stadt unter der Devise »einzigartig, vielseitig«, http://kesselfieber.de.

69__ Der Paternoster

Kopfüber, kopfunter: Abenteuer des Alltags

Er ist aus dunklem Holz, alles andere als schnell und funktioniert schon ewig. Trotzdem spürt man ein gewisses Unbehagen, bevor man den Einstieg in den Paternoster wagt. Ob das Stuttgarter Rathaus einen Dr. Murke zu seinen Mitarbeitern zählt? Dieser Kollege aus einer Satire Heinrich Bölls unterzieht sich jeden Morgen vor Dienstbeginn einer »existentiellen Turnübung«: Er springt in den Paternosteraufzug, steigt aber NICHT in der Etage aus, in der sich sein Büro befindet, sondern fährt – verbotenerweise – auch die Wendeschleife von der Aufwärts- zur Abwärtsbewegung. Die viereinhalb Sekunden Nervenkitzel heben seine Laune, machen ihn heiter und gelassen. Und für den Fall, dass doch mal etwas passiert, hat er immer ein Buch in der Tasche. Muss er auf seinen Angstschub mal verzichten, ist Dr. Murke gereizt und unzufrieden wie andere Menschen ohne Frühstück.

Als Heinrich Böll seine satirische Erzählung schrieb, waren Paternoster noch in vielen Behörden und Bürohäusern zu finden, doch seit Mitte der 1970er Jahren ist ihr Einbau nicht mehr gestattet.

Ende des 19. Jahrhunderts galt der Kabinenaufzug als Revolution in der Beförderungstechnik, weil er viele Personen in kurzer Zeit transportieren konnte – es gibt schließlich kaum Wartezeiten. Doch nur wenige Exemplare der robusten und praktischen Beförderungstechnik haben überdauert ...

Als Mitte der 1990er Jahre die bestehenden Anlagen ebenfalls abgeschafft werden sollten und die Stilllegung drohte, hagelte es Proteste seitens der Fangemeinde. So blieben einige dieser »Personenumlaufaufzüge« erhalten, der Stuttgarter ist einer der wenigen, die noch in Betrieb sind.

Er dreht weiter seine Runden, und das in gemütlichem Tempo. Maximal 0,3 Meter pro Sekunde dürfen Paternosteraufzüge fahren. So beträgt die Wartezeit zwar nie mehr als ein paar Sekunden, die Fahrt dauert dafür länger.

Adresse Rathaus, Marktplatz 1, 70173 Stuttgart-Mitte | **ÖPNV** U 1, U 2, U 4, Haltestelle Rathaus | **Öffnungszeiten** Mo – Fr 8 – 18 Uhr | **Tipp** Einen Paternoster in Betrieb gibt es auch im Literaturhaus im Bosch-Areal.

70__Das Pinguin
Schwäbische Wärmeregulierung

Der Pinguin ist recht beliebt als Name für Eisdielen, von Kiel bis Leipzig und von Eberswalde bis Stuttgart. Barfuß auf dem Eis zu stehen macht ihm keine Probleme – im Gegensatz zu Menschen leiden Pinguine nicht unter kalten Füßen! Doch warum frieren sie nicht fest? Dank eines raffinierten Wärmeregulationssystems sind Pinguinfüße speziell an Minusgrade angepasst und haben fast dieselbe Temperatur wie das Eis, auf dem sie stehen.

Der Schwabe ist weniger gut ausgestattet und braucht zur Wärmeregulierung – im Sommer – Eis. Wem zu warm wird, der kann am Eugensplatz zwischen mehr als zwei Dutzend Geschmacksrichtungen wählen: Die familiengeführte Eisdiele lässt sich immer wieder neue Sorten einfallen wie After-Eight, Cornflakes, Crème brûlée, Papaya-Mango, Feige oder Zimt. Die Schlangen sind meist lang, das »Pinguin« ist eine Stuttgarter Institution. Seit mehr als 25 Jahren schon stellt das Eiscafé »rein schwäbisches Eis« her. »I schwätz koi Wort Italienisch«, verriet die Inhaberin Esther Weeber den Stuttgarter Nachrichten. Mit ihrer Schwester zusammen betreibt sie den vom Vater übernommenen Familienbetrieb. Der hatte einst das Jahrmarktkarussell gegen die Eismaschine getauscht und den Laden 1986 aufgebaut. Nach der Schule hat Esther Weeber eine Konditorlehre gemacht, bei der sie auch das Eismachen lernte. Die italienische Konkurrenz beunruhigt sie nicht – schließlich müssten auch die hiesigen Italiener aus lebensmittelrechtlichen Gründen »deutsches« Eis verkaufen.

Eins macht die schwäbische Eisdiele allerdings wie jeder gescheite Italiener auch – im Winter bleibt geschlossen. Dann reist man auf die italienischen Messen, um zu gucken, was Trend wird. Um richtig auszuspannen, bleibt wenig Zeit – als Schausteller geht die Familie auf den Wasen, da verkaufen sie dann »Würschtle« und Bier. Und später auf dem Weihnachtsmarkt Glühwein, Pralinen und Schokolade.

Adresse Eugensplatz 2a, 70184 Stuttgart-Mitte, www.eis-bistro-pinguin.de | **ÖPNV** U 15,
Haltestelle Eugensplatz | **Öffnungszeiten** Mitte Feb.–Mitte Sept. Mo–Fr 11–22 Uhr, Sa,
So 13–22 Uhr | **Tipp** Ein paar Schritte nur sind es zum Galateabrunnen (siehe Seite 64)
und der Eugenstaffel.

71 Das Postmichelkreuz

An der Esslinger Steige

Die Esslinger Steige, einst die wichtigste Verbindung von Stuttgart nach Esslingen, gibt es nicht mehr. Nur ein kleines gepflastertes Stück ist noch übrig, man findet es beim Hotel »Wirt am Berg«. Auch das in Sandstein gehauene Kreuz stand früher an anderer Stelle, heute ist es neben dem Eingang zum Haus Diemershaldenstraße 13 in die Mauer eingelassen.

Sühnekreuze, auch Mord- und Denksteine genannt, sind Denkmale mittelalterlichen Rechts. Die Kreuzsteine waren das sichtbare Zeichen eines Sühnevertrags, wie er zwischen zwei verfeindeten Parteien geschlossen wurde, um eine Blutfehde wegen eines begangenen Mords oder Totschlags zu beenden. Nicht jedes Steinkreuz ist allerdings ein Sühnekreuz, auch Grenzsteine oder Peststeine gibt es in Kreuzform. Auf den ältesten Exemplaren aus dem Mittelalter finden sich keine Inschriften – die hätte das einfache Volk ohnehin nicht lesen können; oftmals ist aber die Mordwaffe in den Stein gehauen.

Um das Kreuz an der Esslinger Steige, das früher die Jahreszahl 1491 getragen haben soll, rankt sich die Geschichte vom Postmichel. Der Postillion aus Esslingen wurde als Mörder eines wohlhabenden Esslinger Bürgers nach einem unter der Folter erzwungenen Geständnis hingerichtet. Weil er aber unschuldig war, ging der Sage nach sein Geist um – jedes Jahr in der Michaelisnacht am 29. September erschien ein gespenstischer Postreiter, den Kopf unterm Arm, und blies sein Horn. Erst auf dem Totenbett bekannte der wahre Mörder seine Tat. In Esslingen erinnert der Postmichelbrunnen an diese populäre Legende, die aber als frei erfunden gilt. Sie wurde Mitte des 19. Jahrhunderts zum ersten Mal veröffentlicht, und zwar als Zeitschriftenartikel in Form einer realistischen Berichterstattung in der Stuttgarter Stadt-Glocke. 2009 wurde die fingierte Reportage sogar verfilmt, und auch die Bezeichnung »Postmichelkreuz« geht auf die Geschichte zurück.

Adresse Diemershaldenstraße 13, 70184 Stuttgart-Mitte | **ÖPNV** U 15, Haltestelle Eugensplatz | **Tipp** Ein weiteres Sühnekreuz steht in der Schurfeldstraße, Ecke Hornbergstraße. Weil es zwei Sicheln zeigt, sollen sich hier der Sage nach zwei Frauen um eines Mannes willen mit Sicheln getötet haben.

72 Die Reithalle

Die Manege im Maritim

Stuttgarter Kriminächte, Tanzsportveranstaltungen, Disco, betriebliche Weihnachtsfeiern – der Festsaal des Maritim-Hotels wird rege genutzt. Kein Wunder, das Ambiente der Location hat mit Nullachtfuffzehn-Konferenzsälen nichts gemein, obwohl sie auch schon als Lagerraum diente, und als Reithalle – noch zu erkennen am Grundriss mit ovaler Manege.

Das Gebäude wurde in den 1880er Jahren in der zur damaligen Zeit noch recht neuen Technik des Eisenskelettbaus errichtet, der Architekt versteckte die Konstruktion außen allerdings hinter traditionellem Mauerwerk mit Stilanleihen bei der italienischen Renaissance. Innen dagegen ist die weit gespannte eiserne Dach- und Trägerkonstruktion absichtlich sichtbar gehalten.

Das heute denkmalgeschützte Bauwerk errichtete der Stuttgarter Architekt und Professor an der Hochschule Robert von Reinhardt als »Pferdevorführungshalle mit Stallungen zur Förderung des hiesigen städtischen Pferdemarktes«. Aber schon damals fungierte es als Mehrzweckhalle, denn neben Reitsportveranstaltungen und Pferdevorführungen sollte die Halle auch Zirkus- und Operettendarbietungen, Ausstellungen und Vorführungen dienen. Innen zieht sich unter einem umlaufenden Fensterband eine offene Empore um den Raum, die auf filigranen Stützpfeilern ruht.

Gleich nebenan gründete im Jahr 1886 Robert Bosch die Keimzelle des Weltunternehmens, eine Werkstätte für Feinmechanik und Elektrotechnik.

In den 1920er Jahren erwarb die Firma Bosch die Reithalle, Ende der 1960er Jahre, als das Werksareal als Standort aufgegeben wurde, ging sie an das Land, später an eine Bank. Lange nur noch Lagerraum, ist die Alte Reithalle heute in den Maritim-Hotelkomplex integriert und dient diesem als Bankettsaal: Den 150. Geburtstag von Robert Bosch feierte das Unternehmen 2011 in der ehemals eigenen Produktions- und Werkstätte.

Adresse Seidenstraße 34, 70174 Stuttgart-West | **ÖPNV** U2, U4, U9, U14, Haltestelle Berliner Platz | **Tipp** Die Buchhandlung im benachbarten Literaturhaus führt eine ungewöhnliche belletristische Auswahl, schöne Ausgaben zum Verschenken und Bücher kleinerer Verlage.

73 Die Rennstrecke

Rasante Vergangenheit

Ein Verkehrsübungsplatz und eine Rennstrecke könnten einander fremder nicht sein. Hier die Anfänger, unsicher, ungeübt, ein Risiko für andere Verkehrsteilnehmer und Unbeteiligte, dort die Virtuosen der Geschwindigkeit. Auf dem ADAC-Platz Mahdental können Anfänger abseits vom Straßenverkehr Fahrfertigkeiten trainieren – unmittelbar neben dem Solitude-Ring, einst eine der bekanntesten deutschen Rennstrecken und Anziehungspunkt für die besten Rennfahrer Europas.

Noch waren Fuhrwerke im Straßenverkehr bestimmend, das Automobil ganz jung, doch der Motorsport besaß bereits seine Faszination. In Stuttgart begann die Tradition der legendären Solitude-Rennen im Jahr 1903 mit einem Bergsprint für Motorräder vom Westbahnhof hinauf zum Schloss Solitude. Der historische Streckenteil im Glemstal mit dem Start-und-Ziel-Haus an der Mahdentalstraße gehörte nicht von Anfang an dazu, sondern erst seit den 1930er Jahren, als der Rundkurs von rund 22 auf 11,4 Kilometer verkürzt wurde. Die gegen den Uhrzeigersinn befahrene Strecke wurde bis 1965 genutzt. Vorwiegend fanden Motorradrennen statt, erst in den 1950er Jahren war der hügelige Parcours so ausgebaut, dass auch Auto- und Formel-1-Rennen ausgetragen werden konnten. Unglaubliche Zuschauerzahlen von nahezu einer halben Million prägten die Renntage dieser Ära.

Legendär waren die lange Hochgeschwindigkeitsgerade am Steinbachsee, die berühmt-berüchtigte Doppel-S-Kurve Schatten und das Kurvengeschlängel im Mahdental. Insgesamt hatte der anspruchsvolle Naturparcours über Landstraßen 45 Links- und Rechtskurven. Wer sich hier durchsetzen konnte, hatte sich den Respekt seiner Gegner erworben.

1965 verabschiedete sich der Motorsport, die Strecke war zu unfallträchtig. Erst seit einigen Jahren, auf Initiative des Vereins »Solitude-Revival«, finden hier ab und an wieder Rallyes statt.

Adresse Im Mahdental, 71229 Leonberg-Ramtel | **Pkw** durch den Heslacher Tunnel, beim Schattenring die 2. Ausfahrt, Magstadter Straße (Richtung ADAC-Übungsplatz) bis zum Parkplatz im Mahdental | **Tipp** Die Doppelkurve »Schatten« befindet sich direkt vor dem Waldhotel vor dem Ortseingang Büsnau. Die ausführliche Geschichte der Rennstrecke findet sich unter www.solitude-revival.org.

74 Das Rössle

Schülerkunst aus Spiegelstücken

Das Siegerrössle steht vor dem Haus der Geschichte. Bei einem Kunstwettbewerb gestalteten Schüler im Schuljahr 2009/2010 das Wahrzeichen der Landeshauptstadt in dreidimensionaler Form. Ausgelobt wurde der Wettbewerb schon mehr als ein Dutzend Mal von der Parkraumgesellschaft Baden-Württemberg mit dem Ziel, durch Bilderwände, Installationen und Lichtgestaltung nüchterne Zweckbauwerke, vor allem eben Parkhäuser, mit Blickfängen freundlicher zu gestalten. So strahlen in der Parkgarage Ulrichstraße beispielsweise die »Säulen der Justiz«.

Über 280 Entwürfe für das Wappentier des einstigen »Stutengartens« reichten Schülerinnen und Schüler ein – die drei Siegerentwürfe wurden als 2,77 Meter lange und 2,55 Meter hohe Rössle-Skulpturen realisiert.

Für den Spiegeleffekt des erstplatzierten Entwurfs »Lichter der Stadt« brachten die Schülerinnen und Schüler der siegreichen Merzschule dafür von Hand über 1.200 Spiegelstücke auf die Pferdeskulptur auf. »Das Rössle soll den Betrachter und seine Umgebung aufnehmen und als Teil Stuttgarts widerspiegeln«, erläutert einer der Preisträger die Intention des Kunstwerks. Seither ziert das Spiegelrössle den Außenbereich des Hauses der Geschichte in der Kulturmeile in Stuttgart.

Auch das zweitplatzierte Kunstwerk des Mörike-Gymnasiums, ein leuchtendes Action-Painting-Rössle mit dem Titel »Mitternacht in Stuttgart – Ein Ritt durch die Stadt«, und das drittplatzierte Rössle »Literaturstadt« des Heidehof-Gymnasiums beleben heute ausgewählte Plätze. Beim Rössle »Literaturstadt« haben Schülerinnen und Schüler das Gedicht »Mein Stuttgart« von Karl von Gerok in Handschrift auf die Skulptur übertragen. Weitere Entwürfe der teilnehmenden Schulen wurden als zweidimensionale Rössle-Silhouetten ausgeführt und in der Parkgarage unter der Staatsgalerie an der Wand angebracht.

Adresse beim Haus der Geschichte, Konrad-Adenauer-Straße, 70173 Stuttgart-Mitte, www.pbw.de | **ÖPNV** U 1, U 2, U 4, U 9, U 14, Haltestelle Staatsgalerie | **Tipp** In der Hofdienergarage zwischen Schelling- und Schloßstraße sind auch die farbigen, lebensgroßen Silhouetten von Menschen und Menschengruppen an der Fassade und an Wandflächen Schülerkunst, entstanden im Rahmen eines weiteren Wettbewerbs.

75__ Romeo und Julia

Sie können nicht zueinanderkommen ...

Aber wer würde das bei zwei Hochhäusern auch erwarten? Dicht beieinander stehen die beiden Bauten im Ortsteil Rot – einander zugeneigt wie der schiefe Turm in Pisa sind sie glücklicherweise nicht, doch eng verbunden ist das Hochhaus-Duo durchaus.

Der Architekt Hans Scharoun (1893–1972) steuerte bereits 1927 ein Einfamilienhaus zur Weißenhofsiedlung bei – doch nach der Machtübernahme der Nazis war es mit seiner Karriere vorerst vorbei. Nach dem Ende des Zweiten Weltkriegs gewann Scharoun 1949 zwar den ersten Preis im Wettbewerb für die Liederhalle in Stuttgart, der Entwurf wurde aber nicht realisiert – erst seine Berliner Philharmonie war ein Wettbewerbserfolg, der ab 1956 auch gebaut wurde.

Etwa zur gleichen Zeit entstanden in Rot die beiden Wohnhochhäuser in Zusammenarbeit mit dem Stuttgarter Architekten Wilhelm Frank. Für Scharoun waren es die ersten Bauten nach dem Zweiten Weltkrieg und seine größten bis dahin überhaupt, Romeo mit 19 Geschossen, seine kleinere Partnerin Julia gestaffelt in vier, sieben und elf Stockwerke – sieht sie zu ihm auf? Die asymmetrischen Wohnungsgrundrisse weisen kaum rechte Winkel auf, zackenförmig vortretende Balkone und verschiedenfarbiger Putz entspringen der expressionistischen Architekturströmung der 1950er Jahre. Doch tatsächlich leistete Scharoun hier Pionierarbeit, ungewöhnlich ist vieles: Seiner Zeit weit voraus war der Architekt mit der flexiblen Raumaufteilung und der Beteiligung der Käufer an der Planung.

Es gab nur wenige tragende Innenwände, sodass die Wohnungen individuell aufgeteilt werden konnten. Trotz fester Versorgungsleitungen war sogar die Größe der Küchen und Badezimmer variabel. Auch zwei übereinanderliegende Wohnungen wurden teilweise zu einer gemacht – heute wieder sehr en vogue. Doch das Beispiel machte nicht Schule – noch lange Jahrzehnte blieb das Bauen von »Durchschnittswohnungen« für »Durchschnittsfamilien« üblich.

Adresse Schozacher Straße 40 und Schwabbacher Straße 15, 70437 Stuttgart-Rot | **ÖPNV** U 7, Haltestelle Schozacher Straße | **Tipp** Anfang der 1960er Jahre entstand mit dem Hochhaus Salute in Stuttgart-Fasanenhof ein weiterer Bau von Hans Scharoun.

76__Das Rotlichtviertel

Amüsierbezirk ganz bodenständig

Stadtführer werben gern damit, dass man auf ihrer Altstadttour durch das Bohnen- und Leonhardsviertel Aufschlussreiches über »Veschperlesmoischter«, »Leonhardsschlamper«, »Leonhardsträppler« und »Knackwurschtprivatiers« erfahre. Noch heute lasse sich an diesen Bezeichnungen für die Bewohner die soziale Zusammensetzung der einstigen Vorstadt ablesen – ein bodenständiger Mix aus Handwerk, privatem Wohnraum sowie normalem und horizontalem Gewerbe. Auch nach dem Zweiten Weltkrieg blieb die Mischung aus Läden, Kneipen, Handwerks- und Amüsierbetrieben intakt. Und nach wie vor locken traditionsreiche Weinstuben auch gutbürgerliches Publikum ins Viertel.

Ganz ohne Umweg über das Schwäbische annoncieren Fassaden und Neon-Leuchtreklamen die heutige soziale Zusammensetzung: Im Amüsierbezirk locken die Uhu-Bar, der Nachtclub Oase, die Tabu Bar und natürlich Girl's Girl's Girl's (nur echt mit dem Apostroph). Leicht bekleidet lungern ebensolche Girls in High Heels auf der Straße herum.

Doch die Anwohner sind besorgt, weil sich das Rotlichtmilieu verändert. Mit ihren Klagen wenden sie sich an Medien und Politik gleichermaßen. Den halbseidenen Luden mit Goldkette und Straßenkreuzer, der sich um seine Mädels »kümmert«, gebe es nicht mehr. Mehr und mehr treibe die osteuropäische Mafia im Leonhardsviertel ihr Unwesen. Auch unter den Prostituierten hat sich der Ausländeranteil in den vergangenen zehn Jahren auf 77 Prozent erhöht. Über Jahrzehnte hätten die verschiedenen Gewerbe nebeneinander funktioniert, sagt die Nachbarschaft, inzwischen sei das Verhältnis aus dem Gleichgewicht geraten. Ihr weiteres Anliegen: In diesem malerischen Kopfsteinpflastereckchen, einem der ältesten Viertel der Stadt, stünde eigentlich die Pflege der historischen Architektur an – statt denkmalgeschützte Häuser quietschrot zu bepinseln oder Leuchtbuchstaben an die Mauern zu schrauben.

Adresse 70182 Stuttgart-Mitte | **ÖPNV** U 1, U 2, U 4, Haltestelle Rathaus | **Tipp** Die Uhu-Bar in der Leonhardstraße zählt zu den Institutionen des Stuttgarter Nachtlebens, www.uhu-bar.de.

77___Die Ruhebank

Raststelle für Riesen

Kurz vor Sillenbuch stehen an der Kirchheimer Straße zwei steinerne Bänke. Angesichts ihrer Höhe könnte man fast den Eindruck gewinnen, bei unseren Vorfahren habe es sich um Riesen gehandelt. Doch der Eindruck täuscht. Die Bänke waren nicht etwa zum Sitzen gedacht, vielmehr konnten die Menschen darauf in Zeiten, in denen man schwere Güter noch zu Fuß beförderte, ihre Traglast absetzen. Wichtig war hier, dass die auf dem Rücken getragenen Körbe ohne fremde Hilfe wieder aufgesetzt werden konnten – deshalb befindet sich die Sturzoberfläche meist in Bauch- bis Brusthöhe, etwa 1,25 Meter über dem Erdboden. Da oftmals nur die Abstellmöglichkeit für die Rückenkörbe aus Stein ausgeführt war und die eigentliche Sitzbank aus Holz, ist heute meist nur noch der steinerne Teil erhalten.

Für alle Dörfer der näheren Umgebung war Stuttgart über Jahrhunderte der wichtigste Markt. Lokalhistorikern zufolge trugen um 1850 allein von Feuerbach täglich etwa 80 Personen ihre Lasten über den steilen Berg in die Residenzstadt. Schwer mühten die Landfrauen sich ab, mit Milchkannen, Obst- und Gemüsekörben und Blumen. Ruhebänke wurden meist unter schattenspendenden Baumgruppen aufgestellt, und zwar dort, wo sich eine Rast anbot, zum Beispiel vor, während oder nach einem Auf- oder Abstieg, auf halber Strecke von Verbindungsstraßen, an Wegkreuzungen oder an exponierten Stellen, die einen Ausblick über die weitere Wegstrecke boten.

Die meisten solcher Ruhebänke aus Stubensandstein, auch Gruhen oder Gruoben genannt, stammen aus dem 17. bis 19. Jahrhundert und sind in Südwestdeutschland und besonders im Neckarraum und in der Stuttgarter Region verbreitet sowie im nördlichen Elsass, wo sie als Napoleonsbänke bezeichnet werden. Ursprung der Ruhebänke waren wahrscheinlich aufrecht stehende Steine, die man als »Ruhesteine« bezeichnete.

Adresse Kirchheimer Straße, 70619 Stuttgart-Sillenbuch | **ÖPNV** U 7, U 8, U 15, Haltestelle Silberwald | **Tipp** Weitere Ruhebänke finden sich auch anderswo, beispielsweise am Feuerbacher Weg sowie Ecke Märzenbaumstraße und Gammertinger Straße.

78__Die Säulen am Straßenrand

Bestellt und nicht abgeholt

Unvermittelt stehen sie da, aufgereiht an der Neckartalstraße direkt am riesigen Kraftwerk Münster. Gleich hinter den Bauten der Rauchgaswäsche warten vor dem kleinen Parkplatz 14 kolossale Travertinsäulen – wie bestellt und nicht abgeholt.

Es ist kein Zufall, dass die 15 Meter hohen Säulen aus je neun mächtigen Trommeln, mit einem Durchmesser von 1,75 Metern, direkt neben der Einfahrt zum Gelände des ehemaligen Steinbruchs Lauster stehen. Sie wurden tatsächlich in Auftrag gegeben und nicht mehr abgeholt. Das Unternehmen lieferte mit dem hier gewonnenen Travertin einen Baustoff, der viele Stuttgarter Fassaden prägt.

Auch der Eindruck, dass die Lauster-Säulen an die Formensprache des Dritten Reichs erinnern, trügt nicht. Sie entsprachen dem Willen zur Monumentalität wie auch viele andere Bauten jener Zeit. In den 1930er Jahren bestellte die Stadt Berlin die Säulen beim Steinbruch. 1937 wurde der Travertin dafür gebrochen und bearbeitet, aber nicht abtransportiert. Vorgesehen waren sie für ein Mussolini-Denkmal, für das Architekt Albert Speer die Pläne lieferte. Weil Berlin nicht den Vorstellungen Hitlers von einer »Reichshauptstadt« entsprach, sollte sein »Generalbauinspektor« die Stadt nach dem Vorbild antiker Metropolen zur »Welthauptstadt Germania« umbauen.

Zu dessen Entwürfen für kulissenhafte »Übertrumpfungsarchitektur« gehörte auch das Mussolini-Monument. Den runden Adolf-Hitler-Platz (heute Theodor-Heuss-Platz) sollten Kolonnaden und Triumphbögen umgeben, und in der Mitte war ein 45 Meter hohes Denkmal für den Duce geplant. Durch Zeichnungen und Modellfotos ist das nie realisierte Projekt gut dokumentiert: Auf dem unteren Geschoss, bestehend aus den Lauster-Säulen, war ein weiteres mit kleineren Säulen vorgesehen, darüber eine Statue des Bildhauers Arno Breker. – Nach dem Krieg kaufte die Firma Lauster die Säulen zurück und stellte sie am Straßenrand auf.

Adresse Neckartalstraße, 70376 Stuttgart-Münster | **ÖPNV** U 14, Kraftwerk Münster | **Tipp** Im Travertinpark ganz in der Nähe stehen noch alte Maschinen des ehemaligen Steinbruchs Schauffele, Geologie und Geschichte werden auf Infotafeln erläutert (siehe Seite 208).

79__Der Saurier

Urviech aus dem Hamburger Hafen

Nicht sehr einschüchternd, eher behäbig wirkt der drei Meter hohe und sieben Meter lange Saurier vor dem Museum am Löwentor. Der eiserne Koloss, der mit dicken Schrauben auf einem Betonfundament fixiert ist, hat trotz seiner Ausmaße etwas Organisch-Verspieltes. Ein massives Schiffsteil dient dem Urviech als Leib, die Hüfte kann man als ausgedienten Anker identifizieren. Subversiven Witz zeigt der viel zu kleine Kopf, das physiognomische Charakteristikum vieler Saurier.

Eine seitliche Flanke des Sauriers bildet ein offener Setzkasten. Darin stehen Abgüsse von Fundstücken aus paläologischen Erdschichten: Ammoniten, versteinerte Knochen, Schneckengehäuse und ein kleiner Schädel. Einige Fächer sind noch frei – als könne hier jeder noch etwas Neues hinzufügen.

Im Gegensatz zu vielen anderen Künstlern seiner Generation, die sich der Abstraktion zuwandten, wählte Bernhard Luginbühl (1929–2011) »Stier«, »Sisyphus«, »Zyklop«, »Elefant«, »Frosch«, »Giraffe« oder »Skarabäus« für seine Eisenplastiken, die bildgewaltig urweltliche Geschichten erzählen. Seine Hamburger »Hafentorfigur« ähnelt trotz ihrer wuchtigen Statur und 25 Tonnen Gewicht einer Libelle. Ausgediente Industrieteile in »lebende Wesen« umzuwandeln gehörte lange zu den Werkprinzipien Luginbühls.

Seit den 1940er Jahren schuf er über 1.500 oft riesige Skulpturen. Während andere Künstler ihre Werke aus dem Material herausarbeiten, fügte der Schweizer Kraftmensch lieber Dinge, vorzugsweise aus industriellem Abfall, meist von Schrottplätzen oder stillgelegten Industrieanlagen, zu neuen Werken zusammen. Es ärgerte ihn, vom Rohstoff immer nur etwas wegzunehmen und ihm nichts hinzufügen zu können. So gelangten die »Schiffsteile« von Hamburg nach Stuttgart: Die Saurierplastik entstand in einer Werft des norddeutschen Frachthafens, dort vorgefundene Eisenteile verwendete der Künstler für sein Werk.

Adresse Staatliches Museum für Naturkunde, Rosenstein 1, 70191 Stuttgart-Cannstatt, www.naturkundemuseum-bw.de | **ÖPNV** U 12, Haltestelle Nordbahnhof, oder U 12, U 13, Haltestelle Löwentor | **Öffnungszeiten** Di−Fr 9−17 Uhr, Sa, So 10−18 Uhr | **Tipp** Saurier aller Arten, als Skelette oder in Nachbildungen, zeigt das Museum am Löwentor. Interessant etwa die Funde vom »Saurier-Friedhof« in Trossingen. Auch in Stuttgart selbst, unweit des heutigen Waldfriedhofs, wurde Mitte des 19. Jahrhunderts in einer Mergelgrube ein Saurierskelett gefunden.

80_ Das Schachspiel

Zugzwang im Mittleren Schlossgarten

Im Schlossgarten treffen Fitnessfreaks auf Müßiggänger und Kinderwagen schiebende Freundinnen auf Hundeführer. Andere trainieren Gedächtnis und strategisches Denken: Rund um das Gartenschachfeld versammeln sich meist Männer – Zugzwang! Das »Spiel der Könige« wird Schach genannt, obwohl sich auch Damen, Läufer, Springer, Türme und Bauern über das Feld bewegen. In der Tat gibt es wohl kein komplexeres Brettspiel – die Zahl der möglichen Stellungen in einer Partie liegt bei einer Zwei mit 46 Nullen. Ein Bauernopfer bringen, jemanden in Schach halten, Schach bieten oder schachmatt setzen, der Redensarten sind viele, die Eingang in den deutschen Sprachgebrauch fanden – bis hin zu satirischen Aussagen, die Lukas Podolski in den Mund gelegt wurden: »Fußball ist wie Schach, nur ohne Würfel.«

Wohl seit dem Mittelalter ist Schach in Europa bekannt. Mit der Austragung von nationalen und internationalen Meisterschaften ab 1894 erfuhr das Spiel die Aufwertung zum Sport. In Stuttgart fühlt man sich diesem besonders stark verbunden: Im 1910 in der Liederhalle gegründeten Schwäbischen Schachbund, einem der größten Landesverbände Deutschlands, meint man, vor allem die schwäbische Mentalität der Tüftler und Denker habe manchem Spitzenspieler zum Durchbruch verholfen. Dass der Verband auf seiner Website verkündet, neben Spitzensport kümmere man sich auch um »Frauenschach, Senioren und Behinderte«, muss allerdings als »Matt« gewertet werden. Unter den Stuttgartern besonders hervorgetan hat sich Philipp von Klett, im 19. Jahrhundert Berufsoffizier, zeitweilig Kommandant der Kriegsschule Ludwigsburg und Mitglied des württembergischen Kriegsministeriums. Er gilt als einer der bedeutendsten »Komponisten« der altdeutschen Schule im Schach. Seine 1878 erschienene Aufgabensammlung »Schachprobleme« enthielt 112 Aufgaben, meist Mehrzüger. Im Schlossgarten wird dagegen jeder Spieler selbst zum »Schachkomponisten«.

Adresse Mittlerer Schlossgarten, 70173 Stuttgart-Mitte | ÖPNV U5–U15, S1–S6, Haltestelle Hauptbahnhof | Tipp Das Schach-Depot, der Schachladen in der Gutbrod-straße 12, versorgt mit Spielen und Literatur.

81 Die Schiffsschaukel

Jahrmarktopas mit Schwung

Hölzerne Pferde und eine Kutsche für Prinzessinnen drehen ihre Runden. »Gebaut 1900, elektrifiziert 1930« steht auf dem Schild am Karussell – der Opa hat noch ordentlich Schwung. Mit den großen Hightech-Fahrgeschäften, die in grellem Scheinwerferlicht die Leute immer höher katapultieren oder bei Discomusik in Dröhnlautstärke in rasendem Tempo rotieren lassen, kann der Veteran aber denn doch nicht mithalten. Ihm zur Seite steht die zierliche Schiffsschaukel – auch schon eine über 80-jährige Oma. Gebaut wurde das Nostalgieschätzchen von der Firma Gundelwein. Die historische Hutwurfbude lacht allerdings über die zwei Youngster – sie wurde vermutlich um 1880 gebaut und hat damit mehr als 130 Jahre auf dem Buckel. Zum historischen Jahrmarkt im Höhenpark Killesberg gesellen sich noch Hau den Lukas und eine Waffelbäckerei, Zirkuswagen und Buden.

Mittendrin wirbeln Eliszi Böhm und Uwe Kircher und genießen das bunte Treiben. Den Betrieb des Jahrmarkts stemmen sie mehr oder minder im Alleingang. Mit seinen hübsch bemalten Oldtimern behauptet sich das Ehepaar standhaft gegen die moderne Konkurrenz. Mit einem Zirkuswagen hat es angefangen, inzwischen besitzen die beiden eine ganze Reihe alter Karussells und Jahrmarktsbuden. Auch ein Theaterzelt kam hinzu – mit Bühne und Zuschauerraum, in dem die Kinder über Kasper-, Clown- und Figurentheater staunen und lachen. Bei den Vorstellungen steht Eliszi als Comedian oder Sängerin oft selbst auf der Bühne.

Mit der Zeit kamen immer mehr begeisterte Leute, Jahrmarkt und Theater wuchsen. Gastierte die Patchworkfamilie anfangs nur für vier Wochen im Park, ist sie heute den ganzen Sommer hier. Insbesondere Familien haben den historischen Jahrmarkt im Killesbergpark als Ausflugsziel entdeckt – in den Ferien herrscht Hochbetrieb. Im Herbst kehrt wieder Ruhe ein, wenn die »alten Herrschaften« ins Winterquartier ziehen.

Adresse Höhenpark Killesberg, Am Kochenhof 1, 70192 Stuttgart-Nord, www.eliszis.de |
ÖPNV U 5, U 12, Haltestelle Killesberg | **Öffnungszeiten** Ostern–Okt. Mo–Sa ab 14 Uhr,
So ab 11 Uhr, je nach Wetterlage bis 19 oder 20 Uhr, bei besonderen Veranstaltungen auch
länger | **Tipp** Bereits 1928 drehte eine Kleinbahn ihre Runden durch das »Affenparadies«,
einen Tierpark am Killesberg. Die heutige Parkeisenbahn mit den Dampfloks »Tazzel-
wurm« und »Springerle« und den Dieselloks »Blitzschwoab« und »Schwoabapfeil« gehört
seit 1939 zu den Attraktionen der Grünanlage.

82 Die Schillereiche

Auf der Schillerhöhe

1782 nahm der Dichter Reißaus. Durch das Äußere Esslinger Tor floh er in der Nacht vom 22. auf den 23. September nach Mannheim. Herzog Carl Eugen hatte nicht nur ein Schreibverbot verhängt, sondern auch Arrest angedroht. Während seiner Zeit als Regimentsarzt wurde Schillers Theaterstück »Die Räuber« in Mannheim uraufgeführt, und er hatte sich unerlaubt entfernt, um der Aufführung beizuwohnen.

Der 1759 im nahen Marbach geborene Dichter verbrachte einige Jahre in Stuttgart, unter anderem als Zögling an der Hohen Carlsschule, die nicht mehr existiert. 1771 hatte Herzog Carl Eugen die Akademie gegründet, um hier die Elite seiner Offiziere auszubilden – inspiriert von französischen Vorbildern wie der École Militaire. Zehn Jahre später erhob Kaiser Joseph II. »Sr. Herzoglichen Durchlaucht Militärische Pflanzschule« zur Universität, aber bereits 1794 löste Carl Eugens Nachfolger sie wieder auf. Nicht nur Schiller, auch sein Schriftstellerkollege Christian Friedrich Daniel Schubart berichten über strenge Zucht und Ordnung auf der »Sklavenplantage«.

Über das Anliegersträßchen »Zur Schillereiche« und Treppenstufen oder über den Serpentinenweg am Teehaus vorbei schnauft man von der Haltestelle Bopser hinauf. Oben am Waldsaum entschädigt der Blick auf Stuttgart für die Anstrengung. Die knorrige Schillereiche im Bopserwald wurde 1865 gepflanzt zur Erinnerung an Schillers legendäre Lesung seiner »Räuber«. Hier soll der damals neunzehnjährige Dichter 1778 zum ersten Mal aus seinem Manuskript vorgelesen haben.

Obwohl er nach seiner Flucht nur noch selten nach Stuttgart zurückkehrte, versteht man sich als Schillerstadt – der erste Schillerverein wurde hier gegründet, und an mehreren Orten in der Stadt wird an den Dichter erinnert. Das Schillerdenkmal von Bertel Thorvaldsen auf dem Schillerplatz, das erste Deutschlands, wurde im Jahr 1839 vom zwölfjährigen Enkel des Dichters feierlich enthüllt.

Adresse Wernhaldenstraße, 70184 Stuttgart-Süd | **ÖPNV** U 5, U 6, U 7, U 12, Haltestelle Bopser | **Tipp** Der Schillerbrunnen an der Karl-Pfaff-Straße in Degerloch ist ein pavillon-artiges Häuschen mit Sitzbänken. Eine Schillerlinde steht oberhalb von Wangen.

83 Die Schulstraße

Fußgängerzone auf zwei Ebenen

Als unscheinbare Querachse verbindet sie die Königstraße mit dem Marktplatz. Das Quartier im Stadtzentrum gehört zwar nicht zu den architektonischen Spitzenleistungen der Stadt, aber durch maßvolle Proportionen und erträgliche Bauhöhen zählt die Schulstraße auch nicht zu den Schandflecken. Anfang der 1950er Jahre wurde die durch Luftangriffe völlig zerstörte Bebauung neu errichtet, die Pläne des städtischen Hochbauamts berücksichtigten das alte Straßenprofil. Bewusst nahm man Bezug auf die zerstörten Vorgängerbauten – die Ladenpassage sollte in ihren Dimensionen und Proportionen noch an die einstigen Altstadtstraßen erinnern.

Die Schulstraße entstand als eine der ersten autofreien Innenstadtzonen in Deutschland. Solche Fußgängerbereiche sind städtebaulichen Konzepten geschuldet, die Verkehr, Einkaufen und Wohnen räumlich trennen wollen, was man zur Zeit des Wiederaufbaus auch anderswo anstrebte. Fast zeitgleich eröffneten die Treppenstraße in Kassel und die Holstenstraße in Kiel. Was die Schulstraße radikal modern machte und Architekt Walther Hoss bundesweit Beachtung erfahren ließ, war die Tatsache, dass sie als erste Fußgängerzone gleich zwei Ebenen besaß. In Höhe der ersten Etage wurde eine zweite Ebene angelegt, wie eine umlaufende Terrasse oder Empore.

An anderen Stellen macht sich der Höhenunterschied zwischen Rathaus und der Königstraße mit Steigungen bemerkbar oder wird mit Treppen überbrückt wie zum Beispiel in der Hirschstraße. Grund für die Höhenunterschiede sind die einstigen Befestigungswälle der mittelalterlichen Stadt. Noch bis Anfang des 19. Jahrhunderts hießen Königstraße und Eberhardstraße »Großer Graben« und »Kleiner Graben«. Mit der Erhebung zum Königreich 1806 ließ der König die Stadtmauern schleifen, den Graben zuschütten, Straßen umbenennen und eine Prachtstraße anlegen, die heutige Königstraße.

Adresse 70173 Stuttgart-Mitte | **ÖPNV** U 2, U 4, U 14, S 1 – S 6, Haltestelle Rotebühlplatz/ Stadtmitte | **Tipp** Der Jud-Süß-Oppenheimer-Platz zwischen Schulstraße und Schmale Straße erinnert an den 1738 in Stuttgart hingerichteten Berater des Herzogs, der zum Opfer eines Justizmords wurde. Seine Geschichte diente als historische Vorlage für Wilhelm Hauffs Novelle »Jud Süß« und Lion Feuchtwangers gleichnamigen Roman sowie auch für den berüchtigten antisemitischen Film von 1940.

84 Die Schwälblesklinge

Das Phänomen der besoffenen Bäume

Unter Klinge versteht man nicht nur »Messers Schneide«, im Stuttgarter Raum bezeichnet es auch tief eingeschnittene Täler und Tälchen. Das Keuperbergland ist durch zahlreiche »Klingen« oder »Tobel« gegliedert, geografische Bezeichnungen wie Heidenklinge oder Riesenbachklinge zeugen davon. Viele sind Refugien für eine große Artenvielfalt von Pflanzen und Tieren und zudem Frischluftrinnen für die Großstadt im Kessel.

Durch die Schwälblesklinge gelangt man von der Böblinger Straße auf die Filderebene – am Waldfriedhof entlang steigt man zum Stadtteil Sonnenberg hinauf. Gleich nach Betreten des Walds führt hinter einem Damm, der als Hochwasser- und Geröllschutz angelegt wurde, eine steile Treppe hinunter in den kühlen und feuchten Talgrund. Immer am Bach entlang gewinnt man langsam an Höhe. Für Wissbegierige erläutert der geografische Lehrpfad in acht Schautafeln die Schichtstufenlandschaft und einzelne prägende Faktoren – Gesteinsformationen und Oberflächenformen, Klima, Gewässer und Vegetation sowie nicht zuletzt den Einfluss des Menschen, der die Landschaft umgestaltet.

Auf einer der Tafeln findet sich auch die Erklärung für das Phänomen der »besoffenen Bäume«: Die Gegend ist geprägt vom sogenannten Knollenmergel. Wenn diese Bodenart Wasser aufnimmt, kommt es zu Quellungen, die wiederum zu den Rutschen führen – an der welligen Geländeoberfläche gut zu erkennen. Als Baugrund sind Knollenmergelhänge daher eher ungeeignet – früher wurden sie meist als Obstbaumwiesen genutzt. Nun streben Bäume danach, senkrecht zu wachsen. Neigt jedoch der Untergrund in steiler Hanglage zum Abrutschen, reagieren die Bäume auf die Bewegung und bilden an den beanspruchten Stellen zusätzliches Holz aus, Sichel- oder Säbelwuchs genannt. Der Baum versucht so, die Senkrechte aufrechtzuerhalten. Folge ist ein sich gegen die Hangneigung krümmender Stamm, der aussieht, als sei er besoffen.

Adresse zwischen Heslach und Kaltental, 70569 Stuttgart | **ÖPNV** U 1, U 14, Haltestelle Waldeck; von der Haltestelle etwas zurück Richtung Heslach entlang der Böblinger Straße; wo der Fuß- und Radweg von der Straße über den Nesenbach biegt, geht es in den Wald hinein. | **Tipp** In der nahen Heidenklinge sind die Heslacher Wasserfälle kein von der Natur geschaffenes Phänomen, sondern verdanken sich den Wasseraufstauungen und -umleitungen Ende des 16. Jahrhunderts unter Herzog Christoph.

85_Das Schweinemuseum

Ein bisschen Schwein muss sein

Schwein haben und die Sau rauslassen, bluten oder schwitzen wie ein Schwein, Schweinerei und Schweinigelei, Sauwetter und Saufraß, Rampensau und Pistensau: Unsere Sprache ist reich an Redensarten und voller Begriffe, die sich vom Borstentier herleiten. Insbesondere unter den Schimpfworten tummeln sich im Deutschen vom alten Ferkel – trotz des Widerspruchs in sich – über das Charakterschwein bis zur Drecksau allerhand Wendungen, die sich des Haustiers bedienen … Dabei kommt es doch häufig in den Topf oder aus Plüsch sogar aufs Sofa! Wie passt das zusammen?

Das ambivalente Verhältnis, das Menschen zu Schweinen pflegen, ist wohl einfach irrational, beruht aber zum Teil auf Fehlinterpretationen des tierischen Verhaltens. Dass die Allesfresser sich im Matsch suhlen, ist beispielsweise eine hygienische Maßnahme, um sich vor Parasiten zu schützen.

Das Schweinemuseum im Alten Schlachthof konzentriert sich auf den niedlichen Aspekt der Tiere und versammelt einen riesigen Sau-Haufen dekorativer Ringelschwänzchen und rosa Rüssel … Grausame Tierhaltung oder gar das blutige Schlachten spielen hier – trotz des historischen Orts im Schlachthof – keine Rolle. Durch dieses kuriose Museum können auch Vegetarier und Tierschützer guten Gewissens schlendern. Schweine aller Art und in allen Lebenslagen werden – so der durchaus eingelöste eigene Anspruch – »saugut« präsentiert.

Neben der schweinchenrosa Stilisierung in Kitsch & Kunst gibt es Schlüsselanhänger, Kuscheltiere, Glücksschweinchen aus Plüsch, Gold, Keramik, Holz, Leder oder Glas, Anhänger, Tassen und Gemälde. Mehr als 50.000 Exemplare des Borstenviehs mit Ringelschwänzchen umfasst die Sammlung, weltweit wohl die größte ihrer Art, und allein im »Schweinetresor« stehen an die 2.000 Sparschweine. Im Anschluss bieten Restaurant und Biergarten »Alter Schlachthof« Besuchern deftiges Essen und Bierspezialitäten.

Adresse Alter Schlachthof Stuttgart, Schlachthofstraße 2a, 70188 Stuttgart-Ost, www.schweinemuseum.de | **ÖPNV** U 9, Haltestelle Schlachthof | **Öffnungszeiten** täglich 11–19.30 Uhr | **Tipp** Nur ein paar Schritte entfernt erhebt sich oberhalb der Wangener Straße die Gaisburger Kirche auf einer kleinen Anhöhe mit dem Lebensbaum von Käte Schaller-Härlin (siehe Seite 106).

86 Die Schwimmerin

Die große Badende lernt schwimmen

Mitten im Innenstadttrubel ist »La Nuit« platziert, ein Guss von Aristide Maillol. Kaum jemand wird an dieser plastischen Schönheit vorbeispazieren, ohne ihr einen Blick zu gönnen. In ihrer Nische versteckt, hält die Schicksalsgöttin vor dem Staatstheater das Schicksal der Menschen in ihren geschlossenen Händen. Sieht sie nicht ein bisschen aus wie Heidi Klum?

In Stuttgart gibt es einige Kunstwerke zu entdecken, manche erst auf den zweiten Blick. Das Kulturamt der Stadt hat vier Routen zur Kunst im öffentlichen Raum ausgearbeitet, über die man sich auf der offiziellen Website informieren kann. Kunstroute Nummer 3 durch Stuttgart-West führt auch an den Feuersee und zur »Großen Badenden« von Walter Rempp.

Der Bildhauer hat seine Bronzeskulptur realistisch dargestellt, die weibliche, überlebensgroße Figur wirkt, als trage sie eine schwere Last, ihr Blick ist leer und in die Ferne gerichtet. Obwohl es scheint, als sei sie gerade aus dem Wasser gestiegen, wirkt die badende Frau mit ihren hängenden Schultern und leerem Blick mutlos und schlaff. Wollte sie sich ertränken?

Badende und Badeszenen waren seit jeher ein beliebtes Motiv, aufgegriffen von unzähligen Malern von Ingres über Cézanne bis Picasso, und wohl meist dem Interesse an Akten geschuldet. Schwüle Männerphantasien? Schwimmerinnen dagegen sind eine eher moderne Erscheinung in der bildenden Kunst. Das Belebende des Elements Wasser und die Darstellung von Gesundheit und Vitalität dank körperlicher Betätigung fehlen in älteren Werken ganz, wohl auch mangels realer Vorbilder. Völlig anders in der Bopserwaldstraße: Fast geht man achtlos am Gitter zum Privatgrundstück vorbei: Nicht nur mit einem Badeanzug bekleidet, auch voller Körperspannung steht hier die Sportlerin auf dem Sprung – in den Talkessel. Das hier ansässige Architekturbüro von Horst Haag ist spezialisiert auf ... den Bau von Schwimmbädern.

Adresse Bopserwaldstraße 39, 70184 Stuttgart-Süd | **ÖPNV** U 5, U 6, U 7, U 12, Haltestelle Bopser | **Tipp** Wer sich den »Badenden« weiter widmen will, findet in der Staatsgalerie Stuttgart Paul Cézannes »Badende vor einem Zelt« und Pablo Picassos hölzerne Skulpturengruppe »Die Badenden«.

87__Die Seilbahn

Mit dem Erbschleicherexpress bergauf

Ein bisschen San Francisco in Stuttgart: In vier Minuten geht es mit der »Kabelstraßenbahn« vom Südheimer Platz hinauf in die ruhige Waldidylle auf der Anhöhe. Die kalifornischen Cable Cars nahmen schon in den 1880er-Jahren den Betrieb auf, heute sind die Linien ein Nationaldenkmal der USA. Zeitgleich transportierten auch in Deutschland die ersten Standseilbahnen Mensch und Material – die älteste noch in Betrieb befindliche ist die 1895 eröffnete Dresdner Bahn von Loschwitz zum Weißen Hirsch.

Auch in Stuttgart gab es schon vor dem Ersten Weltkrieg Pläne für ein solch ambitioniertes Projekt, doch erst nach Kriegsende und Wirtschaftskrise kam man in den 1920er Jahren darauf zurück. Im Oktober 1929 wurde die Standseilbahn eingeweiht – und bekam schon bald ihren Namen »Erbschleicher- oder Witwen-Express«, da sie von Heslach zum Waldfriedhof hinaufführt. Die beiden aus Teakholz gefertigten nostalgischen Bähnle mit Mahagoni-Sitzbänken sind noch weitestgehend im Originalzustand erhalten und wurden zum 75-jährigen Jubiläum aufwendig restauriert.

Die Standseilbahn funktioniert nach dem Gewichtsausgleichsprinzip: Beide Wagen verkehren auf Schienen, sind aber fest mit einem Drahtseil verbunden, das in der Bergstation über eine Seilscheibe geführt wird.

Fährt eine Bahn talwärts, zieht sie mit ihrem Gewicht die andere bergan, etwa in der Mitte der Strecke gleiten sie an der Ausweichstelle aneinander vorbei. Mit einer solchen »Schnürlesbahn« können auf kurzer Strecke beträchtliche Höhenunterschiede überwunden werden – in Stuttgart sind es 87 Höhenmeter und eine Steigung von 28 Prozent. Das heutige Museumsstück, von der Maschinenfabrik Esslingen gebaut, war zudem die erste automatische Bahn weltweit und kam von Anfang an ohne Maschinisten aus. Die Steuerung betätigten zwei Wagenbegleiter, die zugleich als Schaffner fungierten.

Adresse Südheimer Platz, 70199 Stuttgart-Süd | ÖPNV U 1, U 14, Haltestelle Südheimer Platz | Öffnungszeiten täglich 9.10 – 17.50 Uhr, im Winter bis 17.10 Uhr | Tipp Der Waldfriedhof in Degerloch, größter Friedhof der Stadt, ist die letzte Ruhestätte vieler berühmter Stuttgarter wie Theodor Heuss, Robert Bosch, Paul Bonatz und Oskar Schlemmer, aber auch heute fast vergessener Prominenter wie Löwenbändigerin Claire Heliot (siehe Seite 128).

88 Der Skulpturenpark

Schwarz-Rot-Gold und Gelb-Rot-Blau

Die geometrischen, teils monumentalen Plastiken und andere Werke des Bildhauers und Malers Otto Herbert Hajek prägen Stuttgart – keineswegs nur, weil der Künstler auch das so populäre Mineralbad Leuze gestaltete. Sein »Stadtzeichen 69/74« steht an der Theodor-Heuss-Straße, am Funkhaus des SWR prangt ein Wandbild, im Foyer des Landtags hängt das großformatige Triptychon »Paraphrasen zu den Nationalfarben«. Der Bund hat das 2,50 mal 5,70 Meter große Bild, das früher im Bundeskanzleramt in Bonn zu sehen war, dem Landtag als Dauerleihgabe überlassen. Hajek schuf das dreiteilige Gemälde in den Farben der Nationalflagge Schwarz, Rot und Gold im Jahr 1980. Ein Jahr später war es wichtiger Bestandteil der großen Hajek-Ausstellung in der Engelsburg in Rom. Der damalige Bundeskanzler Helmut Schmidt sah dort das Gemälde und holte es nach Bonn.

Der 1927 im Böhmerwald (im heutigen Tschechien) geborene Künstler studierte in Stuttgart an der Akademie der Bildenden Künste und blieb nach seinem Abschluss. An der Hasenbergsteige lebte er mit seiner Familie ab 1957 in einem kurz nach dem Ersten Weltkrieg erbauten Anwesen (Nummer 65); hier wurden fünf Kinder groß. Das Domizil war nicht nur Wohn- und Arbeitsstätte für den 2005 verstorbenen Bildhauer und Maler, sondern auch kultureller Treffpunkt und Debattierklub: Der Künstler war mit Bundeskanzler Brandt und dessen Frau Ruth befreundet, auch andere Politprominenz von Horst Ehmke bis Gerhard Schröder war zu Gast.

Gleich hinter der Hajek-Villa zieht sich auf der linken Seite eine Grünanlage parallel zur Hasenbergsteige den Hang hinauf. Die dort unter freiem Himmel ausgestellten farbenfrohen Plastiken Hajeks entfalten – je nach Wetter, Tages- und Jahreszeit – ganz unterschiedliche Wirkungen. Werke aus Stahl sind dabei, daneben solche aus Beton, Marmor oder Bronze, oft in den Grundfarben Gelb, Rot und Blau gehalten.

Adresse Hasenbergsteige 65, 70197 Stuttgart-West | **ÖPNV** S 1 – S 6, Haltestelle Schwab-straße, dann noch 15 Minuten Fußweg | **Tipp** Unter www.hajekmuseum.de zeigt die Otto-Herbert-Hajek-Stiftung der Sparda-Bank eine Art Werkausstellung im Internet.

89__ Die Solitudeallee

Von Schloss zu Schloss

Fast wie mit dem Lineal gezogen verläuft die Allee vom Schlösschen Solitude auf dem Bergrücken bei Botnang bis nach Ludwigsburg. Diese barocke Schlossanlage in 13 Kilometern Entfernung, ein »schwäbisches Versailles«, war zur Bauzeit von Solitude mal wieder zur offiziellen Hauptresidenz erhoben worden. In den Jahren zwischen 1730 und 1800 wechselte die herzogliche Residenz mehrmals zwischen Stuttgart und Ludwigsburg. Unter Herzog Carl Eugen – der auf Stuttgart nicht gut zu sprechen war, hatte die Stadt ihm doch höhere Steuerabgaben verweigert – waren um 1760 gleich mehrere Schlösser in Arbeit, neben Solitude und dem Neuen Schloss auch Monrepos und Grafeneck.

Nicht nur die Architektur orientierte sich an französischen Vorbildern, auch alle anderen Künste dienten der Verherrlichung des absolutistischen Herrschers. Besonders die streng geometrischen Gärten dieser Epoche waren Teil des architektonischen Gesamtkonzepts. Eine große Rolle in Barockgärten spielten ornamentale Rasenflächen und Blumenbeete, durch Formschnitt gebändigte Hecken und Sträucher, Wasserspiele und Treppenanlagen, vor allem aber zentrale Sichtachsen.

Eine rund 13 Kilometer lange Schneise dürfte dennoch Seltenheitswert haben. Die Gedenktafel am Schloss erinnert daran, dass die barocke Achse auch die Basislinie der ersten württembergischen Landesvermessung bildete. König Wilhelm I., seit 1816 regierend und fest entschlossen, Württemberg zu einem modernen Staatswesen umzugestalten, ordnete per Dekret im Jahr 1818 die Vermessung und Kartierung des Lands an. Die Durchführung dauerte bis 1840.

Man kann der Solitudeallee auch heute noch über weite Teilstrecken folgen, wenngleich sie an einigen Stellen durch große Straßen zerschnitten wird, sodass die Tour, durch Verkehr und stadtnahe Besiedlung stark beeinträchtigt, zu Fuß nur stellenweise reizvoll ist.

Adresse Solitude 1, 70197 Stuttgart-West | **ÖPNV** Bus 92, Haltestelle Solitude | **Tipp** Im sogenannten Äußeren Pavillon erinnert ein Museum an den Bildhauer Fritz von Graevenitz, der ebenso wie der legendäre Stuttgarter Choreograf John Cranko auf dem kleinen Solitude-Friedhof seine letzte Ruhestätte fand.

90__ Der Spitalhof

Mittelalterliche Fachwerkidylle

Seit Mitte der 1930er Jahre ist im Spitalhof das Heimatmuseum untergebracht, das einen Einblick in das Leben der Möhringer in vergangenen Zeiten verschafft. Neben vor- und frühgeschichtlichen Funden gehören zur Sammlung vor allem Zeugnisse zur Ortsgeschichte – alte Ansichten von Möhringen, Einrichtungsgegenstände, Hausrat, Arbeitsgeräte und Textilien aus der bäuerlichen Vergangenheit des Orts.

Interessant ist vor allem, dass es vom 16. Jahrhundert bis um 1870 hier eine alte Leinenwebertradition gab: Über mehrere Jahrhunderte stellte der Flachsanbau neben der Landwirtschaft allgemein die wichtigste Erwerbsquelle des Orts dar. Während die Männer meist auf den Feldern arbeiteten, übernahmen die Frauen und oft auch die Kinder die Leinenweberei und verarbeiteten den wertvollen pflanzlichen Rohstoff zu hochwertigen Textilien. Bis zu 300 Webstühle waren hier einst in Betrieb. Als einziger Abnehmer der Meterware konnte das Esslinger Sankt-Katharinen-Spital den Preis für die Stoffe bestimmen. Das Spital, dem Möhringen damals gehörte und das einen Teil seiner Einkünfte aus dem Besitz dieses und anderer Dörfer bezog, ließ auch 1469 den Spitalhof als Verwaltungssitz errichten. Im Zweiten Weltkrieg wurde das historische Gebäude schwer beschädigt, in den 1950er Jahren abgerissen und Anfang der 1960er Jahre mit rekonstruierter Fassade wiederaufgebaut. Nur der Torbau von 1568 mit Fachwerkgeschoss blieb original erhalten, und die romanischen Säulen am Portal stammen wohl sogar noch aus einer älteren Bauphase der nahen Martinskirche.

Mit Aufkommen der Textilfabriken wurde die Leinenweberei unrentabel. Aber auch durch die Erweiterung der Krautanbauflächen auf den Fildern starb das Handwerk. Ab Mitte des 19. Jahrhunderts verdrängte Kohl das traditionelle Anbauprodukt Flachs immer mehr. 1924 verließ der letzte Möhringer Haupterwerbsweber seinen Webstuhl.

Adresse Heimatmuseum, Filderbahnstraße 29, 70567 Stuttgart-Möhringen, www.heimat-museum-moehringen.de | **ÖPNV** U 3, U 5, U 6, U 8, U 12, Haltestelle Möhringen | **Öffnungszeiten** Sa 10–12 Uhr | **Tipp** Die alte Turmuhr der Möhringer Martinskirche wurde im Keller des Spitalhofs gefunden – ein Haufen altes Eisen. In aufwendiger Tüftelarbeit rekonstruiert, steht das historische Stück heute im Turm der Martinskirche. Erhalten blieb auch der Taufstein von 1595.

91__ Die Springbrunnen

Paris am Neckar

Für die Umgestaltung des einstigen Exerzierplatzes vor dem Neuen Schloss zur großzügigen Platzanlage in den 1860er Jahren wurden prominente Vorbilder wie die Place de la Concorde in Paris herangezogen. Die Ausschmückung des größten Pariser Platzes hatte übrigens ein Deutscher, der Architekt Jakob Ignaz Hittorff aus Köln, in den 1830er Jahren übernommen – unter anderem mit acht recht massiven Frauenfiguren, den Allegorien französischer Städte, und zwei Brunnen, die Meer und Flüsse darstellen: der eine Seefahrt und Fischerei auf Atlantik und Mittelmeer, der andere unter anderem Rhein und Rhône.

Die beiden Brunnen auf dem Schlossplatz sollten zu Ehren des Königs Wilhelm I. an seinem Geburtstag am 27. September 1863 aufgestellt werden. Wie die Pariser Springbrunnen symbolisieren die beiden Stuttgarter Exemplare Gewässer. Der in Wasseralfingen geborene Bildhauer Karl Kopp (1825 – 1897) schuf die Putten für die beiden Brunnen, die acht wichtige Flüsse Württembergs personifizieren.

Der als Lehrer ans Polytechnikum (die heutige Technische Hochschule) berufene Künstler hatte zunächst in Stuttgart, später in Paris studiert und kannte sicherlich den prunkvollen Platz nahe der Tuilerien und unweit der École des Beaux-Arts. So liegt es nahe, dass sich nicht nur die Anlage des Platzes, sondern auch die Brunnen an dem 1840 eingeweihten Pariser Werk orientieren. Die Stuttgarter Exemplare bestehen jeweils aus einem runden Brunnenbecken mit einer Schale darüber, aus der das Wasser herabfließt. Rund um die beiden Säulen, die die Schalen tragen, gruppieren sich jeweils vier Putten – beim südlichen Brunnen sind es noch die original Figuren, die Neckar, Kocher, Fils und Enz darstellen. Die Figuren des nördlichen Brunnens – Donau, Nagold, Tauber und Jagst – sind Rekonstruktionen aus den 1980er Jahren, da die Originale 1945 verschwanden und ihr Verbleib nie geklärt wurde.

Adresse Schlossplatz, 70173 Stuttgart-Mitte | **ÖPNV** U 5, U 6, U 7, U 15, Haltestelle Schlossplatz | **Tipp** In eine Gehwegplatte eingelassen, fällt die kleine Vertiefung nur sehr aufmerksamen Passanten auf. Das Kunstwerk »Abendstern« von Micha Ullmann findet sich an der Ecke Bolzstraße und Stauffenbergstraße.

ENERGIETAG
BADEN-WÜRTTEMBERG

92__ Die Stadtbibliothek
Wärme aus der Tiefe

Ein Ort fürs Wort – das geschriebene, aber auch das gesprochene Wort steht hier im Mittelpunkt. Eine »Bücherei« ist die Bibliothek allerdings nicht mehr – auch Filme, Spiele, Musik-CDs, Zeitungen, Zeitschriften, Noten, Bilder und Software stehen zur Ausleihe bereit. Im Klangstudio können Besucher eigene Musik produzieren und an Computerarbeitsplätzen im Netz surfen.

Der Neubau war nicht nur architektonisch ein ambitioniertes Projekt – auch energetisch ist das Gebäude auf dem neuesten Stand: 94 Geothermiesonden ermöglichen die Nutzung von Erdwärme. Hinzu kommen Fotovoltaikanlagen für die Stromerzeugung. Bei der technischen Konzeption setzte man sich ehrgeizige Ziele: Der Energiebedarf der Bibliothek sollte um 45 Prozent unter den Werten der Energieeinsparverordnung liegen.

Mittels sogenannter Energiepfähle wird im Winter das Gebäude beheizt. Im Sommer wiederum wird die Geothermie zur Kühlung eingesetzt. Über Rohrleitungssysteme mit einer zirkulierenden Flüssigkeit kann die Erdwärme weitergeleitet werden. Der Energieverbrauch des Systems besteht im Wesentlichen nur aus der Antriebsleistung für die Umwälzpumpe. Optimal arbeitet eine solche Anlage, wenn sie wie hier noch mit Solarthermie kombiniert wird.

Die Verfechter der Energie aus der Tiefe verweisen gern auf die finanziellen Vorteile und Umweltfreundlichkeit der in Deutschland schon weit verbreiteten Technologie – keine Freisetzung von CO_2, keine Abhängigkeit von Tages- und Nachtzeit, Witterung oder Jahreszeit. Geologen sind dagegen nicht uneingeschränkt überzeugt und weisen auch auf die Risiken der Wärmeübertragung hin. Teils traten durch die Bohrungen schon seismische Erschütterungen und Erdabsenkungen auf und verursachten Schäden an Gebäuden. Auch das Grundwasser könnte so gefährdet sein, denn in den Rohren fließt teilweise eine brisante Mischung hochentzündlicher oder giftiger Flüssigkeiten.

Adresse Mailänder Platz 1, 70173 Stuttgart-Mitte, www1.stuttgart.de | **ÖPNV** U 5, U 6, U 7, U 12, U 15, Haltestelle Stadtbibliothek | **Öffnungszeiten** Mo–Sa 9–21 Uhr | **Tipp** An der Informationstheke im Erdgeschoss werden Audioguides an Besucher verliehen. Die Architektur-Route stellt den Bibliotheksneubau von Eun Young Yi vor, die Bibliotheks-Route erklärt das Angebot und dessen Nutzung.

93__Die Stadtmauer
Am Schellenturm

Anders als andere Städte erhielt Stuttgart in der frühen Neuzeit keine starken Befestigungsanlagen. Die Stadtmauer diente nur der Einfassung der Stadt, war aber kein Verteidigungsbauwerk mit Bastionen – deshalb fehlen in Stuttgart große Ringstraßen oder Grünanlagen, wie es sie in Dresden, Köln oder Paris gibt, die entstanden, als die alten Befestigungswerke Anfang des 19. Jahrhunderts überall geschliffen wurden.

Als Ende des 14. Jahrhunderts unter Graf Eberhard dem Milden die Vorstadt um die heutige Leonhardskirche angelegt wurde, erhielt auch sie eine Ummauerung, von der noch Reste erhalten sind. Vom Katharinenplatz betrachtet man die Stadtmauer von außerhalb der einstigen Grenze. Durch Aufschüttung befindet sich das ehemalige Erdgeschoss jetzt unterhalb des heutigen Bodenniveaus – eigentlich hätte man viel tiefer gestanden.

Ursprünglich hieß der Fachwerkturm auf dem Rest der Stadtmauer Kastkellereiturm (hier wurden die herrschaftlichen Güter verwaltet). Erst seit Anfang des 19. Jahrhunderts, nach Abbruch des original Turms, trägt er die Bezeichnung Schellenturm. Einer Überlieferung nach waren Schellenwerker verurteilte Straftäter, denen man Glöckchen an die Kleidung nähte – ein Vorläufer der heutigen Fußfessel. So mussten sie – zu öffentlicher Zwangsarbeit verurteilt – immer in Hörweite bleiben. Wahrscheinlicher ist jedoch, dass »Schellen« wie heutzutage Handschellen schlicht die Eisenfesseln bezeichneten, mit denen Sträflinge festgekettet waren, und dass das Schellenhaus oder Schellenwerk ihr Gefängnis war. Ein Monat dort sollte (bei knapper Kost) eine ebenso empfindliche Strafe wie drei Monate Zuchthaus sein. Morgens und abends mussten die Sträflinge zudem den Weg zur beziehungsweise von der Zwangsarbeit zurück so absolvieren, dass jeder sie sah.

Heute beherbergt der Schellenturm ein Weinlokal mit lauschiger Terrasse.

Adresse Weberstraße 72, 70182 Stuttgart-Mitte, www.weinstube-schellenturm.de | **ÖPNV**
U 1, U 2, U 4, Haltestelle Rathaus | **Tipp** Ein kleines Stück der historischen Stadtmauer
steht als »Torturmbrunnen« an der Ecke Torstraße und Hauptstätter Straße. Das mit
25 Metern Länge größte Stück der Stadtmauer mitsamt Schießscharten findet sich an der
Sophienstraße in einem Innenhof.

94__ Der Stadtplan
Begehbar und beleuchtet

Als trutziges Eisenbahnschloss mit Turm errichteten die Stuttgarter nach Plänen von Paul Bonatz in den 1920er Jahren den neuen Hauptbahnhof. Zunächst wurde im Turm eine eigene Wartehalle für den König eingerichtet und ein Turmrestaurant im obersten Stockwerk; nach dem Zweiten Weltkrieg bis in die 1970er Jahre diente er als Hotel, später wurden Bahner einquartiert. Erst im Zuge des Projekts »Stuttgart 21« wurde der Turm erneut zugänglich gemacht. Seither gelangen Besucher per Aufzug oder Treppe auch wieder nach ganz oben zur Dachterrasse unter dem sich drehenden Mercedesstern.

Auf Ebene 8 des Turms eröffnet das »Bonatz« – tagsüber Bistro, abends Bar – einen einzigartigen Blick auf Stuttgart. Und im Konferenzzimmer kann man sich sogar trauen lassen. Wer sich in luftiger Höhe das Jawort geben will, sollte sich mit dem Standesamt Stuttgart-Mitte in Verbindung setzen.

Die Gegner des neuen Tiefbahnhofs hinterlassen ihre Kommentare am Bauzaun – von »Lügenpack« bis »Milliardengrab«. Mittlerweile ist der Zaun sogar schon ein Museumsobjekt im Haus der Geschichte. Die Ausstellung »Turmforum« der Deutschen Bundesbahn stellt Details der Planungen vor – aus der Sicht des Bauherrn. Auf vier Etagen widmet die Schau sich vor allem den ehrgeizigen Zielen des Verkehrsprojekts unter dem plakativ eingesetzten Motto: »Die guten Argumente überwiegen«. Kritischen Fragen wird begegnet, indem man sie selbst stellt und auch gleich selbst beantwortet: Demzufolge wird der Schlossgarten nicht zerstört, die Mineralquellen werden geschützt, die Reisezeiten kürzer und so weiter.

Zu dieser multimedialen Ausstellung zum Bahnprojekt Stuttgart –Ulm gehört nicht nur ein pneumatisches Modell des zukünftigen Bahnhofs, sondern auch der große beleuchtete und begehbare Stadtplanausschnitt. Er zeigt ganz deutlich, um was für ein (Baugrund-) Filetstück der Stadt es im Stuttgart-21-Streit geht.

Adresse Turmforum im Hauptbahnhof, Arnulf-Klett-Platz 2, 70173 Stuttgart-Mitte, www.bahnprojekt-stuttgart-ulm.de | **ÖPNV** U 5 – U 15, S 1 – S 6, Haltestelle Hauptbahnhof | **Öffnungszeiten** täglich 10 – 18, Do 10 – 21 Uhr | **Tipp** Nicht weit vom Hauptbahnhof entfernt hat das Stadtmessungsamt in der Kronenstraße 20 einen Laden, in dem Stadtpläne aller Art verkauft werden, auch historische, thematische und Reliefkarten, Wander- und Radwegekarten sowie Luftbilder.

95 Die Stahlbäume

Abfertigung unter Astwerk

»Eingepflanzt« hat die bis zu 15 Meter hohen Bäume ein Stahlbau-unternehmen. Mehrfach verzweigen sich die Äste und erreichen Durchmesser von bis zu 26 Metern in den Astkronen. Schnell wurden die Baumriesen, die als Tragwerk für das mächtige Pultdach fungieren, zum Markenzeichen des Stuttgarter Flughafens. Das von Gerkan, Marg und Partner (gmp) realisierte und 1995 in Betrieb genommene Terminal 1 wurde mehrfach ausgezeichnet, etwa mit dem Deutschen Stahlbaupreis 1992. Das große Hamburger Architekturbüro baut Hotels, Museen, Bürogebäude und Krankenhäuser bis hin zu Stadien in aller Welt, insbesondere in China – allerdings hat gmp auch Durchschnittliches abgeliefert.

Die weiträumigen, lichten und übersichtlichen Terminals in Stuttgart gehören glücklicherweise zum Beispielhaften, wie auch die Leipziger Messe oder der Neubau des Berliner Hauptbahnhofs. Beim Umbau von Terminal 3 bis 2004 wurde die charakteristische Stützenkonstruktion übernommen – große Kräne hievten 18 Stahlbäume in das Gebäude.

Den heutigen Fluggastgebäuden musste eine in den 1930er Jahren entstandene Anlage weichen, erbaut nach Plänen von Ernst Sagebiel, der auch den Berliner Flughafen Tempelhof entwarf. Als 1925 der erste Flieger aus Stuttgart startete, befand sich das Flugfeld allerdings noch in Böblingen. Heute direkt an der Autobahn auf der Filder-Hochebene gelegen, die neue Messe in Sichtweite, hat der Stuttgarter Flughafen sich – gemessen an den Passagierzahlen – in den zurückliegenden Jahren als siebtgrößter Deutschlands etabliert. Als Einziger der großen Verkehrsflughäfen in Deutschland verfügt Stuttgart aber über nur eine Start- und Landebahn. Steht da nach Stuttgart 21 der nächste Konflikt ins Haus? Die Schutzgemeinschaft Filder e.V. und das Aktionsbündnis Filder haben schon Widerstand gegen einen Ausbau mobilisiert – ihnen geht es nicht nur um Fluglärm, sondern auch um die Anbauflächen des Filderkrauts.

Adresse Flughafenstraße, 70629 Stuttgart-Flughafen, www.flughafen-stuttgart.de | **ÖPNV** S 2, S 3, Haltestelle Flughafen (Airport) | **Tipp** Eine Viertelstunde vor Sonnenuntergang startet Rall Air außer am Wochenende fast täglich zu Sunset-Flügen über Stuttgart. Infos unter www.freude-am-fliegen.de.

96 Das Stellwerk

Typografendomizil am Westbahnhof

Eisenbahnfans sind ein Schlag für sich. Ihr Interesse an schnellen Zügen oder historischen Schmalspurbahnen, Dampflokomotiven und Triebwagentypen wirkt oft geradezu obsessiv. Die Faszination des Themas Eisenbahn hört beim rollenden Teil des Verkehrsmittels aber noch lange nicht auf. Vom Bildatlas der deutschen Eisenbahnsignale bis zum Sachbuch über Bahnbetriebswerke – kein Aspekt ist zu schlicht oder zu abseitig, um nicht auch Liebhaber und Experten auf den Plan zu rufen. Mit Traumstrecken oder Bimmelbahnromantik kann der echte Technikfreak dagegen wenig anfangen.

Das 1927 gebaute Stellwerk am Westbahnhof hat 1999 der Stuttgarter Gestalter und Typograf Kurt Weidemann gekauft. Mitte der 1960er Jahre wurde Weidemann als Professor an die Stuttgarter Kunstakademie berufen, auf den neu geschaffenen Lehrstuhl für Information und Graphische Praxis im Institut für Buchgestaltung. Der 1922 in Ostpreußen geborene gelernte Schriftsetzer lehrte dort 21 Jahre und wurde einer der renommiertesten Grafiker Europas, er entwarf die Corporate, die Hausschrift für Daimler, überarbeitete die Firmensignets der Deutschen Bahn und von Porsche.

In New York war er am Aufbau des International Center for the Typographic Arts beteiligt, er leitete einige Jahre das Stuttgarter Künstlerhaus und übernahm mit fast 70 noch einen Lehrauftrag an der Hochschule für Gestaltung in Karlsruhe. Sein Tatendrang als Gutachter, Gestalter und Buchautor, als Foto-, Produkt- und Corporate-Designer bescherte ihm zahlreiche Preise und Ehrenmitgliedschaften. Der kluge Kopf war oft sehr direkt und definierte sich selbst als »Gegner devoter Arschkriecherei«. Er habe immer wieder »Dinge gesagt auf die Gefahr hin, dass sie so verstanden werden, wie sie gemeint sind«. Das zur Ideen- und Denkwerkstatt umgebaute Stellwerk diente dem ausgesprochen geselligen »Einsiedler« bis zu seinem Tod 2011 als Atelier.

Adresse Westbahnhof 7, 70197 Stuttgart-West, www.stellwerke.de | **ÖPNV** U 9, Halte-stelle Herderplatz | **Tipp** Nur das denkmalgeschützte Stellwerk am Hasenbergtunnel erin-nert noch an die Hasenbergstation, einen ehemaligen Bahnhof der Gäubahn.

97_ Die Streuobstwiesen

Fledermäuse im Greutterwald

Den guten alten Zeiten nachzutrauern, ist meistens töricht. Nur beim Obst könnte man doch geneigt sein, wehmütig zu werden. Von geschätzten über 2.500 einstigen Apfelsorten sind heute zwar noch etwa 1.000 in Deutschland vorhanden, im Supermarkt aber nur eine Handvoll Sorten erhältlich. Vielerorts legte man Monokulturen an und setzte Pestizide und Düngemittel ein, um Obst wirtschaftlicher zu erzeugen. Nur wo Streuobstwiesen erhalten blieben, sind fast vergessene Sorten wie Gewürzluike und Goldparmäne, Geißhirtle, Gelbmöstler und Palmischbirne noch zu bekommen.

Pomologie ist der schöne lateinische Name für Obstbaukunde, und Pomologen ersten Ranges überführen die feinen Früchte in flüssigen Zustand. Landauf, landab stellen kleine Manufakturen und große Keltereien Saft, Wein und Most her. Auch ein guter Obstbrand ist nur aus sehr gutem und reifem Obst zu machen. Die Brenner destillieren daher nicht nur Schnäpse, sondern unterstützen auch Obstbauern, versuchen, alte Bäume zu retten, und kämpfen für »Obst-Biodiversität« und ökologische Bewirtschaftung.

Eigentlich lohnt sich ein Abstecher in den seit 1984 als Naturschutzgebiet ausgewiesenen Greutterwald zu jeder Jahreszeit. Doch zur Blütezeit sind die rund 30 Hektar großen Obstbaumwiesen eine wahre Augenweide. Sie gehen auf König Wilhelm I. zurück, der hier um 1834 den Wald roden ließ, um hochstämmige Obstbäume anzupflanzen – heute ist das Gebiet mit rund 1.400 Bäumen die zweitgrößte Streuobstwiese Stuttgarts. Solche Obstwiesen haben nicht nur Bedeutung für die Obstproduktion und das Landschaftsbild, sondern auch für den Artenschutz. Weil die natürlichen Höhlen im alternden Holz ideale Behausungen für Spechte, Eulen und Fledermäuse sind, können hier Zwergfledermaus, Großer Abendsegler, Rauhautfledermaus, Bartfledermaus, Braunes Langohr und Großes Mausohr beobachtet werden. Auch als wichtiger Lebensraum für Insekten und Pflanzen ist der Nutzen der Biotope unbestritten.

CHWÄBISCHER MOST

1 l   1,30 €
+0,20 € Pfand

ohne Alkohol
ohne Konservierung

Rotenberger

NEUER WEIN

1 l   2,50 €
+0,20 € Pfand

ohne Konservierung

Adresse Naturschutzgebiet Greutterwald, Greutterwaldstraße, 70499 Stuttgart-Weilimdorf | **ÖPNV** S 6, Haltestelle Korntal | **Tipp** Teilweise bis zu 250 Jahre alt sind einige erhaltene Grenzsteine im Greutterwald, die einst Besitzgrenzen markierten. Zu sortenreinem Brand veredeln Spezialitätenbrennereien wie Zaiser in Köngen, Kaiser in Salach oder Jörg Geiger in Schlat alte Apfel-, Birnen-, Quitten- und Zwetschgensorten.

98__ Die Sünderstaffel

Fast senkrecht treppauf

Die Sünderstaffel liegt etwas versteckt am Ende der Pfizerstraße. Sie führt mit einem kleinen Zwischenrondell durch eine Grünanlage schnurgerade nach oben. Die verwunschene Treppe, deren Name wohl von einer Familie Sünder stammt, die hier Weinberge hatte, ist unter den Stuttgarter Staffeln eine der steileren und eignet sich für weniger trainierte Zeitgenossen als Pulsbeschleuniger.

»Lieber nonder als nauf«: Kommissar Bienzle pflegt seine Angewohnheit, die Treppenstufen zu zählen, vorzugsweise beim Hinuntergehen. Verzählt er sich einmal, macht er sogar sofort kehrt und fängt noch mal von vorn an. Mit Hilfe der Sünderstaffel fasst er denn auch einmal einen Einbrecher, weil der Mann auf Bienzles Frage nach der Anzahl der Stufen wie aus der Pistole geschossen »137« antwortet. Der Räuber muss also später »eingestiegen« sein – tatsächlich wären es insgesamt 244 Stufen.

Die für das Fernsehen verfilmten Stuttgarter Krimis hat Felix Huby (Eberhard Hungerbühler) schon in den 1970er Jahren geschrieben.

350 Meter Höhenunterschied im Stadtgebiet haben im Lauf der Jahrhunderte zum Bau von etlichen hundert öffentlichen und vielen tausend privaten Treppenanlagen geführt: Am Anfang jedoch standen die Weinbergstaffeln, um auf kürzestem Weg die steilen Hänge zu bezwingen.

Verwitterte Steinstufen, verrostete oder zugewachsene Geländer – nicht alle Stäffele sind gut in Schuss; die Stadt hat jahrelang lieber in den Automobilverkehr investiert und ihre Staffeln eher stiefmütterlich behandelt.

Am oberen Ende der Sünderstaffel überquert man die Stafflenbergstraße und folgt der Diemershaldenstraße weiter bergauf. Sie mündet unmittelbar in die Georg-Elser-Staffel, benannt nach dem Widerstandskämpfer gegen die Nazidiktatur und Hitler-Attentäter, der 1945 im KZ Dachau ermordet wurde.

Adresse Pfizerstraße, 70184 Stuttgart-Mitte | **ÖPNV** U 5, U 6, U 7, U 12, U 15, Haltestelle Olgaeck. Am oberen Ende der Georg-Elser-Staffel fährt die Stadtbahnlinie U 15 vorbei. Von der Haltestelle Bubenbad kann man in die Innenstadt zurückfahren. | **Tipp** Mehr als ein Dutzend Bienzle-Krimis hat Felix Huby veröffentlicht. Das Stück »137 Stufen« erschien in dem Buch »Stuttgart und seine Stäffele« von Uli Kreh.

99 __ Das Theodor-Heuss-Haus

Ein Häusle für den Bundespräsidenten

Bescheidenheit ist nicht der erste Begriff, der einem im Zusammenhang mit Bundespräsidenten in den Sinn kommt. Beim »Häusle« von Theodor Heuss, ab 1949 erster Präsident der Bundesrepublik Deutschland, allerdings ist »bescheiden« der sich unmittelbar aufdrängende Eindruck. Das unauffällige Einfamilienhaus liegt zwar in allererster Wohnlage oben auf dem Killesberg, doch es ist alles andere als eine repräsentative Villa. Ob die First Lady das Häuschen so in Auftrag gegeben hat? Zumindest das Grundstück suchte wohl Elly Knapp-Heuss aus. Nicht mehr vergönnt war ihr, den Ruhestand dort auch zu genießen.

Theodor Heuss (1884 – 1963) zog sich 1959, nach dem Ende seiner zweiten Amtszeit, nach Stuttgart zurück. Das originalgetreu rekonstruierte Arbeitszimmer sowie Wohn- und Esszimmer vermitteln einen Eindruck bürgerlicher Wohnkultur der 1950er Jahre. Mit rund 1.000 Ton- und Filmdokumenten, Fotos und Schriftstücken ruft die Ausstellung im Gartengeschoss die Stationen seiner Biografie auf. Auch an seine Frau Elly Knapp (1881 – 1952) wird erinnert, die den meisten nur noch als Gründerin des Müttergenesungswerks bekannt ist. Im Nachkriegsdeutschland begründete sie die Tradition der karitativ tätigen Politikergattin und blieb als würdige, zurückhaltende Frau im Gedächtnis.

Dabei lebte sie weit selbstständiger als allgemein bekannt: Auch nach ihrer Hochzeit 1908 war die junge Mutter als Journalistin, Rednerin und Buchautorin erfolgreich, und in der Weimarer Republik kandidierte sie für ein politisches Amt. Doch nach der Machtübernahme der Nazis verlor Elly Heuss-Knapp ab 1933 alle ihre Ämter. Trotzdem ernährte sie in dieser Zeit die Familie allein, denn in Hitler-Deutschland musste Theodor Heuss stillhalten und schrieb an Biografien. Als begabte Werbetexterin hatte sie in den 1930er Jahren die Werbung in Deutschland revolutioniert, mit Musikjingles, Radiospots und Werbefilmen.

Adresse Feuerbacher Weg 46, 70192 Stuttgart-Nord, Tel. 0711/2535558, www.stiftung-heuss-haus.de | **ÖPNV** U 5, U 12 oder Bus 44, Haltestelle Killesberg, dann zu Fuß via Landenberger Straße, Parlerstraße und Am Tazzelwurm oder umsteigen in Bus 43 bis Haltestelle Feuerbacher Weg | **Öffnungszeiten** Di – So 10 – 18 Uhr | **Tipp** Das gemeinsame Grab von Elly Heuss-Knapp und Theodor Heuss befindet sich auf dem Waldfriedhof in Sonnenberg.

100__ Der Travertinpark

Ein Steinbruch als Stadtpark

Von der Stadtbahnhaltestelle »Kraftwerk Münster« blickt man hinauf zum Travertinpark oberhalb der Weinberge an der Haldenstraße und unterhalb der Reiterkaserne. Der ehemalige Steinbruch der Firma Schauffele, in dem heute Steinbearbeitungsgeräte an die Industriegeschichte Stuttgarts erinnern, ist eine eher ungewöhnliche Grünanlage. Als Industriedenkmal erhalten blieben auch eine restaurierte historische Kranbahn und weitere Geräte der Firma. Über das gesamte Gelände des 2010 eröffneten Travertinparks zieht sich das Schotterbett der stillgelegten Industriebahn Münster–Cannstatt, der ersten elektrisch betriebenen Industriebahn Württembergs. Nur eine Weiche und ein Bahnübergang verweisen noch auf die alten Gleise. Das Abbauareal des Steinbruchs selbst wurde allerdings wieder aufgefüllt und ist nicht mehr sichtbar. Das Gelände soll noch um den benachbarten Steinbruch Haas erweitert werden.

Sieben Informationstafeln dokumentieren die wirtschaftliche und geologische Bedeutung des Travertins und seiner Bearbeitung. Über viele Jahrhunderte wurde Travertin in Bad Cannstatt und Stuttgart abgebaut.

Für die Entstehung des hier vorkommenden Gesteins ist mineralreiches Wasser verantwortlich, das durch die Bodenschichten sickert. Der gelblich braune Kalkstein ist ein begehrter Baustein, weil er sich leicht bearbeiten lässt. Schon in der Antike nutzten die Römer des Cannstatter Kastells das leicht verfügbare Material. In Stuttgart prägt es die Fassadengestaltung von Staatsgalerie und Mittnachtbau sowie vieler anderer Gebäude. Im Travertin, auch »Cannstatter Marmor« genannt, wurden in der Vergangenheit oftmals Fossilien, beispielsweise von Waldnashörnern, Waldelefanten und Sumpfschildkröten, entdeckt. Auch Steinwerkzeuge aus Feuerstein, die auf Urmenschen hindeuten, wurden in den Steinbrüchen gefunden. Einige der Fundstücke sind im Naturkundemuseum ausgestellt.

Adresse Haldenstraße 19, 70376 Stuttgart-Bad Cannstatt | **ÖPNV** U 14, Haltestelle Kraftwerk Münster | **Tipp** Im Römerkastell oberhalb des Geländes, einer zum Medienareal umgebauten Kaserne, kann man in den beiden Lokalen Castello und Pilum Rast machen und einkehren, www.roemerkastell-stuttgart.com.

101___Die Trockenmauern

Stein auf Stein in steiler Lage

Sie sind vor allem steil. Allein der Anblick treibt schon Schweißperlen auf die Stirn. Seit Jahrhunderten prägen terrassierte Weinberge mit »Mäuerle und Stäffele« den Südwesten Deutschlands. Auch ein großer Teil der Rebflächen im Württemberger Anbaugebiet sind sonnenbegünstigte Steillagen. Die traditionellen Trockenmauern und himmelhohen Treppchen wurden zur Arbeitserleichterung bei der Weinlese mit der Hand eingeführt. Das Kraxeln mit der Butte voller Trauben war für den Winzer recht anstrengend. Was heute Teil der harmonischen Kulturlandschaft ist, diente zur Verringerung der Hangneigung und erwies sich auch als vorteilhaft für die Qualität. Verwendet wurde Travertin oder auch der leicht zu bearbeitende, in der Stuttgarter Region verbreitete rote Sandstein (wie er zum Beispiel auch am Killesberg abgebrochen wurde). Das teilweise bis zu vier Meter hohe Mauerwerk wird ohne Zuhilfenahme von Mörtel aus nur grob behauenem Bruchstein errichtet. Zu den ungeschriebenen Regeln gehört etwa, dass Steine nicht höher als breit sein und im unteren Teil der Mauer größere Steine überwiegen sollen. Die Stützmauern haben »Anlauf«, das heißt, die Vorderkante ist nicht senkrecht, sondern weist eine gewisse prozentuale Neigung auf.

Wo die Weinberge mit Maschinen bearbeitet werden können, ist allerdings der Ertrag größer: Während in rebflurbereinigten Gebieten um die 112 Hektoliter pro Hektar erzielt werden, bringt ein Hektar Rebfläche an der Steillage im Durchschnitt nur 63 Hektoliter. Die Bewirtschaftung der Terrassenweinberge ist zudem zeitaufwendig, kostenintensiv und mühselig. Es wundert nicht, dass den Winzern daran lag, auch leichter zu bestellende flache Lagen aufzureben. Damit die handwerkliche Tradition nicht ausstirbt und auch weil die wärmespeichernden und wasserdurchlässigen Mauern mit ihrem speziellen Kleinklima ein Rückzugsgebiet für seltene Pflanzen, Insekten, Vögel und Eidechsen bilden, stellt das Land Fördergelder für den Bau und Erhalt von Trockenmauern bereit.

Adresse Arnoldstraße, 70378 Stuttgart-Mühlhausen | **ÖPNV** U14, Haltestelle Auwiesen |
Tipp Die Trockenmauern im Höhenpark Killesberg wurden nach allen Regeln der alten
Kunst errichtet und sind integraler Bestandteil des denkmalgeschützten Landschaftsparks.

102__ Der U-Bahnhof Charlottenplatz

Der Stuttgarter Untergrund

In den 1940er Jahren begann man mit dem Bau des Wagenburg-tunnels; der Plan, neben der Süd- noch eine Nordröhre zu bauen, wurde aber fallen gelassen. Bautechnische Gesichtspunkte hätten bei dieser Entscheidung keine Rolle gespielt, heißt es, doch ist bekannt, dass die geologische Situation den baulichen Aufwand und die zu erwartenden Kosten stark hätte steigen lassen.

Das Problem lag in den umfangreichen Anhydrit-Vorkommen: Wenn das dehydrierte Gestein mit Feuchtigkeit in Berührung kommt, nimmt es Wasser auf und wandelt sich zu Gips um, wodurch es bis zu 50 Prozent an Volumen gewinnen kann. Im Extremfall kann die Ausdehnung zur Hebung des Bodens führen, wodurch wiederum Risse an den Bauwerken entstehen können.

Aber trotz der Erfahrungen beim Wagenburgtunnel grub man unterirdisch munter weiter: 1956 wurde die erste Tiefgarage gebaut, und als erster U-Bahnhof nach dem Zweiten Weltkrieg entstand 1966 die Haltestelle am Charlottenplatz. Während das Bauen in die Tiefe in anderen Städten schon um die Jahrhundertwende begann, ist es in Stuttgart ein Phänomen der Nachkriegszeit, bis dato gab es unterirdisch nur Bunker und die Kanalisation. Am Charlottenplatz baute man gleich zweigeschossig in die Tiefe, da sich hier Tallängs- und -querlinien der U-Bahn kreuzen. Und auch der Straßentunnel der B 14 »unterfährt« die obere der beiden Haltestellen.

Somit sind in Stuttgart schon Tunnelröhren durch anhydrithal-tiges Gestein gegraben worden, ohne dass Komplikationen auftraten, etwa der Heslacher Tunnel oder der Hasenbergtunnel. Das Problem des Quellgesteins verursacht bei den Gegnern von Stuttgart 21 den-noch Kopfschmerzen: Die Bahn will zwar mit einem speziellen Tro-ckenbohrverfahren verhindern, dass Wasser überhaupt in Kontakt mit Anhydrit kommt, doch ein Restrisiko bleibt.

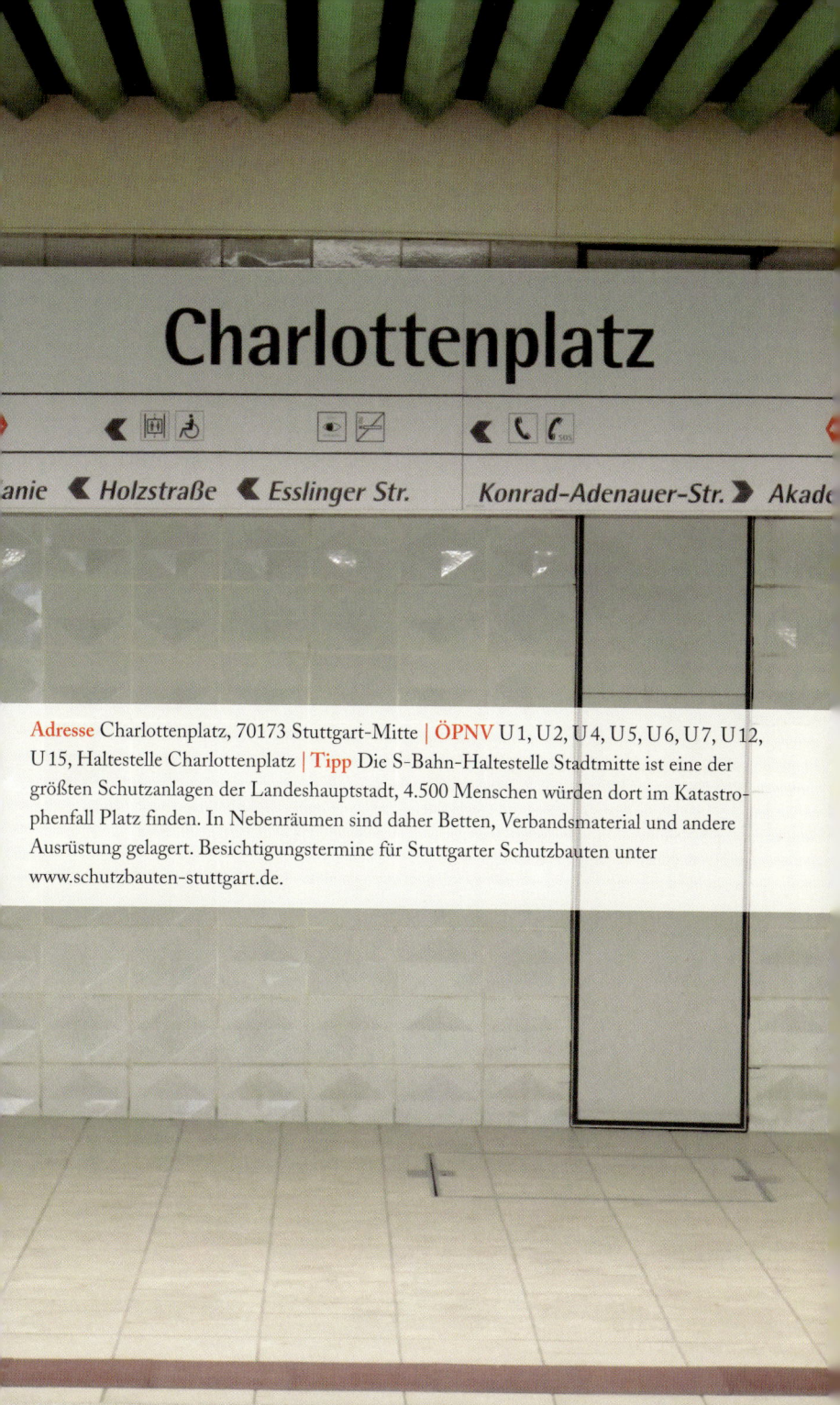

Charlottenplatz

anie ◄ Holzstraße ◄ Esslinger Str. | Konrad-Adenauer-Str. ► Akade

Adresse Charlottenplatz, 70173 Stuttgart-Mitte | **ÖPNV** U 1, U 2, U 4, U 5, U 6, U 7, U 12, U 15, Haltestelle Charlottenplatz | **Tipp** Die S-Bahn-Haltestelle Stadtmitte ist eine der größten Schutzanlagen der Landeshauptstadt, 4.500 Menschen würden dort im Katastrophenfall Platz finden. In Nebenräumen sind daher Betten, Verbandsmaterial und andere Ausrüstung gelagert. Besichtigungstermine für Stuttgarter Schutzbauten unter www.schutzbauten-stuttgart.de.

103 Die Untere Körschmühle

Pferdchen, lauf Galopp

Schimmel, Rappe und Brauner strecken ihre Köpfe in die Sonne. Hinter dem Reitplatz plätschert die Körsch als munteres Bächlein hinter dichtem Ufergehölz. Jenseits des Pferdestalls ziehen sich große Nutzgärten und Obstbaumwiesen vom Tal den steilen Hang hinauf. Ländliche Idylle nur ein paar Minuten vor den Toren der Stadt – das ist in Stuttgart zwar nichts Ungewöhnliches – auch wenn die Bautätigkeit der letzten Jahrzehnte zu einer starken Verstädterung des ländlichen Raums geführt hat –, doch hier sagen sich womöglich tatsächlich Fuchs und Hase Gute Nacht.

In diesem verborgenen Winkel unterhalb von Möhringen blieb die Untere Körschmühle erhalten. Kaum zu glauben, dass nur ein paar Meter weit weg vom historischen Gemäuer die Autobahn über das Tälchen hinweggelenkt wird ...

Nachdem sie die Körschtalbrücke und die B 27 unterquert, windet sich die Körsch in großen Mäandern durch den Weidach- und Zettachwald. Das knapp 230 Hektar große Waldgebiet im oberen Körschtal wurde Anfang der 1990er als Naturschutzgebiet ausgewiesen. Am Bachbett finden sich bunte Schmetterlinge, Wasseramsel, Graureiher und Eisvogel, Sumpfdotterblume und Schwarze Teufelskralle, duftende Kräuter und Gräser, Erlen und Weiden. Die Wasserqualität hat sich so weit verbessert, dass Bachforelle und Bachschmerle wieder vermehrt auftreten.

Mühlen dagegen sind die Vorreiter der frühindustriellen Entwicklung, denn auch Papierherstellung oder Textilfabrikation waren auf die Wasserkraft angewiesen. Oftmals wurden daher aus Mühlen frühe Gewerbebetriebe. Die Untere Körschmühle (erstmals erwähnt im 13. Jahrhundert, 1649 neu erbaut) blieb weitgehend intakt, mit Resten der Umfriedung und dem einstigen Stauweiher. In der Stube im ehemaligen Mühlenraum wird heute gutes Essen serviert, vom Mühlenrostbraten bis zu Pasta mit Pfifferlingen. Im Sommer locken Terrasse und Biergarten.

BRASIL V

Adresse Untere Körschmühle 1, 70567 Stuttgart-Möhringen, www.koerschmuehle.de |
ÖPNV U 3, Haltestelle Sigmaringer Straße | **Öffnungszeiten** Di–Fr 12–14 Uhr, Di–Sa
18–21 Uhr | **Tipp** Auch Möhringen selbst, erst 1942 eingemeindet, hat weitestgehend
noch dörflich-ländlichen Charakter – ein Besuch lohnt sich! Im Zentrum ist der 1589 erbaute Spitalhof (siehe Seite 188) erhalten.

104 Der Verschönerungsverein

Unsere Stadt soll schöner werden

Gestresste Zeitgenossen werden ins Grüne geschickt. Der 1861 gegründete Verschönerungsverein hat gleich mehrere Routenvorschläge für all die Stadtmenschen, die ihre Heimat zu Fuß erkunden möchten. Schon seit 1983 gibt es zum Beispiel den »Rössleweg« rund um Stuttgart, einen mit dem Schwäbischen Albverein geplanten und realisierten Höhenrundweg. 1993 wurde der 18 Kilometer lange Wanderweg vom »Schloss zum Schlössle« eingeweiht.

Aus Anlass seines 150-jährigen Bestehens 2011 markierte der Verein eine 15,9 Kilometer lange Route: »Tal Stadt Berg« heißt der Jubiläumsweg, ausgeschildert mit der Stadtsilhouette im gelben Ring als Markierung. Der Weg beginnt am tiefsten Punkt der Stadt auf 209 Metern über Normalnull am Neckarufer und endet auf dem Birkenkopf, der in den 1950er Jahren durch Kriegstrümmerschutt seine heutige Höhe erhielt: Von ursprünglich 471 Metern wuchs die Anhöhe auf 511,2 Meter. Ein Mahnmal auf dem Gipfel erinnert an die bei den Bombenangriffen umgekommenen Stuttgarter Bürger. Der Blick reicht über Stuttgart bis zur Schwäbischen Alb. Wer den Weg mal gegangen ist, kennt seine Stadt besser. – Und bleibt gesund.

An der Hasenbergsteige geht es noch mal steil bergauf, am oberen Ende ist das meiste schon geschafft. Das Wilhelm-Hauff-Denkmal am Hasenberg von 1882, das an den 1802 in Stuttgart geborenen und 1827 dort gestorbenen Märchendichter erinnert, ist nur eines von vielen, die der Verschönerungsverein in Stuttgart aufgestellt hat. Zur Gründungszeit des Vereins hatte Stuttgart 60.000 Einwohner, und es fehlte an Grünanlagen und Wanderwegen. Auf der Karlshöhe und Uhlandshöhe, Bismarckeiche und Schillerlinde finden sich Gedenksteine und Brunnen, Aussichtsplätze und Schutzhütten – der Verein beteiligte sich aktiv an der Ausgestaltung der Stadt für ihre Bürger. Auch der nahe Hasenbergturm entstand 1879 auf sein Betreiben (siehe Seite 78).

Adresse Hasenbergsteige, 70197 Stuttgart-West | **ÖPNV** S 1–S 6, Haltestelle Schwabstra-ße, dann noch 15 Minuten Fußweg | **Tipp** Der 54 Kilometer lange »Rössleweg«, mit dem Stuttgarter Rössle im gelben Ring als Markierung, verläuft auf den Höhen rund um Stutt-gart und führt durch Wald, Weinberge und Obstgärten, berührt dabei schöne Aussichts-punkte wie auch historisch interessante Plätze.

105__Der VfB-Fanshop
Der zwölfte Mann

»Warum gehen die Leute zum Fußball?«, fragte Sepp Herberger einst und gab gleich selbst die Antwort: »Weil sie nicht wissen, wie es ausgeht!« In der riesigen, modernen Fußballarena sorgt auch der fünfmalige Deutsche Meister bei Heimspielen mal für Freudentränen, mal für Fußballdramen.

Seit 1893 hat der »Verein für Bewegungsspiele« Bestand, gegründet als FV Stuttgart, seit der Fusion mit dem Kronen-Klub Bad Cannstatt 1912 unter dem Namen VfB. Ein echter VfB-Fan weiß, dass die ersten Erfolge nicht im Fußball, sondern im Rugby erzielt wurden. Seine Devotionalien, Trikots in allen Größen und Schals in den Vereinsfarben, erhält er im Fanshop auf dem Gelände der Mercedes-Benz-Arena.

Cannstatter Kurve Berlin, Roter Brustring Hamburg und Ruhrpottschwaben – Fans hat der VfB nicht nur in Stuttgart. Unter ihnen finden sich vermutlich nicht nur Urschwaben abseits der Heimat – es wird ja gemunkelt, die Schwaben stellten die zweitgrößte ethnische Minderheit in Berlin –, sondern auch Neigeschmeggde. Der Stuttgarter selbst kann statt für die Roten auch für die Blauen sein. Zum Lokalderby auf Augenhöhe sind sich die beiden Traditionsvereine aber schon über zwei Jahrzehnte nicht mehr begegnet. Zuletzt in der Saison 1991/1992 spielten die »oben« in Degerloch beheimateten Stuttgarter Kickers und der »unten« beim Cannstatter Wasen ansässige VfB in der gleichen Liga gegeneinander.

Schon seit 1925 ist der rote Brustring fast ununterbrochen wesentliches Element der Heimtrikots, ursprünglich durchgehend auf Vorder- und Rückseite, mittlerweile schmückt er nur noch die Vorderseite der Vereinsleibchen. Mal mit Frottesana, mal mit Dinkelacker oder Südmilch als Sponsoren-Schriftzug darüber oder darauf. Lediglich in der Saison 1975/1976 bestritt der VfB seine Spiele mit blanker Brust – sportlich eine der schlechtesten Spielzeiten der Vereinsgeschichte.

Adresse Mercedesstraße 73a, 70372 Stuttgart-Bad Cannstatt | **ÖPNV** S 1, Haltestelle Neckarpark | **Öffnungszeiten** Mo–Fr 9–19 Uhr, Sa 10–15 Uhr | **Tipp** Ein weiterer Fanshop wurde unweit des Hauptbahnhofs eingerichtet, in der Königstraße 23–25.

106 Der Viadukt

Unterwegs mit der Gäubahn

Oben über dem Dach rattert und rumpelt es. Unter den Brückenbögen des Bahnviadukts stehen drei kleine Giebelhäuser – gegenüber passt sich auch der lang gezogene mehrgeschossige Wohnblock dem Verlauf der Gäubahn an. Die vom Hauptbahnhof ausgehende Strecke führt, stetig ansteigend, entlang der Hänge des innerstädtischen Kessels und des Nesenbachtals. Zwischen dem Hauptbahnhof und Vaihingen überwindet die Gäubahn auf einem Streckenabschnitt von 15,6 Kilometern einen Höhenunterschied von 189 Metern. Wegen des Ausblicks galt die »Panoramabahn« als eine der schönsten innerstädtischen Bahnstrecken Deutschlands.

Von Stuttgart führt die insgesamt 148,5 Kilometer lange Eisenbahnstrecke weiter nach Hattingen und wurde zum Teil schon 1866 und 1879 von den Königlich-Württembergischen Staatseisenbahnen gebaut. Auch der hohe Gäubahnviadukt über den alten Nordbahnhof ist ein Veteran der großen Zeit der Eisenbahnen und stammt vom Ende des 19. Jahrhunderts.

Den Drillingshäusern in der Rosensteinstraße, die in die Viaduktbögen hineingebaut, ja fast eingepasst wurden, haben die Stuttgarter Nachrichten inzwischen schon eine Art Nachruf gewidmet. Noch stehen sie, und sie dürfen auch nicht einfach so abgerissen werden. Als die Wohnungsnot nach den Zerstörungen im Zweiten Weltkrieg groß war, wurden die Häuser als Musterbauten errichtet: »Platzsparendes Wohnen« hieß das Programm. Zwei Stockwerke, 80 Quadratmeter Wohnfläche plus Garten vorn und hinten. Einst waren es sogar vier Häuser, doch eins ist abgebrannt.

Die drei verbliebenen trotzen den Jahren mit mäßigem Erfolg. Die Bahn als Eigentümer neigt nicht zu Renovierungen. Und wie es weitergeht, muss sich erst zeigen, denn auch der Bahnviadukt ist von den Bauarbeiten und der Baulogistik für Stuttgart 21 betroffen. Das Gelände hinter den Drillingen wird dann erst mal für längere Zeit zur Baustelle.

Adresse Rosensteinstraße 106–110, 70191 Stuttgart-Nord | **ÖPNV** U 12, Haltestelle Nordbahnhof, U12, U13 Haltestelle Löwentor | **Tipp** Vor dem Museum am Löwentor steht der Saurier von Bernhard Luginbühl (siehe Seite 166).

107 __ Der Wasen

Dirndlzwang und Lederhosenlook

Zwei Wochen lang geht es auf dem Wasen von mittags bis Mitternacht rund. Das zweitgrößte Volksfest der Welt, zu dem auch über 300 Schausteller mit Karussell, Geister- und Achterbahn anreisen, lockt alljährlich rund vier Millionen Besucher nach Bad Cannstatt. Beim »Schwabenfest« feiern nicht nur Rheinländer und Gäste aus dem Ausland mit, sondern mittlerweile auch Münchner!

Schon zum Fassanstich füllen sich die Bierzelte, auf den Bühnen sorgen schwäbische Bands mit »Wasen-Hits« für Stimmung, und dann wird nicht lange gezögert, auf Tische und Bänke zu steigen und ausgelassen zu feiern. Noch vor wenigen Jahren in ganz normaler Kleidung, aber inzwischen vorzugsweise in Dirndl und Lederhose! Die Stuttgarter Modeläden haben sich auf den Trachtenboom eingestellt und dekorieren in der Vor-Wasenzeit ihre Schaufenster mit feschen Dirndln.

In den Bierzelten – die großen regionalen Brauereien wie Dinkelacker, Schwaben Bräu und Stuttgarter Hofbräu sind alle vertreten – gibt es »Göckele«, Rostbraten und Schweinshaxe als Grundlage für handfesten Getränkekonsum.

Die Fruchtsäule, mit Früchten, Getreide und Gemüse geschmücktes Wahrzeichen des Cannstatter Volksfests, erinnert an den Ursprung als landwirtschaftliche Feier, die 1818 der württembergische König Wilhelm I. erstmals eröffnete. Was bewegt eigentlich den Stuttgarter, was die Stuttgarterin dazu, im 21. Jahrhundert in Lederhose und Dirndl herausgeputzt über die Festwiese zu flanieren? Das Dirndl, eigentlich eine alpenländische Tracht in Bayern und Österreich – und dort bezeichnet Dirndl ein junges Mädchen, nicht das von ihr getragene Kleidungsstück –, steigert auf der Wiesn wie auf dem Wasen wohl vor allem das kollektive Zugehörigkeitsgefühl. Aus der einstigen ländlichen Dienstbotenkleidung entwickelte sich ein städtischer Kassenschlager, selbst Modedesigner widmen sich der Alpencouture.

Adresse Mercedesstraße, 70372 Stuttgart-Bad Cannstatt, www.wasen.de und www.cann-statter-volksfest.de | **ÖPNV** Zum Wasen verkehren Sonderzüge der SVB direkt bis zum Festgelände. | **Tipp** Damit die Tracht nicht nur einmal im Jahr aus dem Schrank geholt werden kann, gibt es ja auch noch das Cannstatter Frühlingsfest.

108__Der Winkelturm

Bunkerzentrum Feuerbach

Unzerstörbar wirkt der merkwürdige Betonturm mit seinem kegel-
förmigen Dachhütchen am Wiener Platz eigentlich nicht. Doch von
dem heute denkmalgeschützten Bau sollten Bomben abprallen oder
abrutschen – allerdings existiert kaum eine Schätzung darüber, wie
viele Menschen durch solche Hochbunker bei Luftangriffen tatsächlich gerettet wurden. Der 1939 errichtete Feuerbacher Turm ist
der letzte von einst vier Stuttgarter Winkeltürmen, die anderen drei
in Untertürkheim und Bad Cannstatt existieren nicht mehr.

Die offizielle Bezeichnung lautet Luftschutzturm Bauart Winkel,
benannt nach dem Konstrukteur Ludwig »Leo« Winkel. Der Kölner
Architekt, Jahrgang 1885, hatte 1936 eine Firma zum Bau von Luft-
schutztürmen gegründet, für deren eigenwillige Bauform er zwei
Patente anmeldete (1934 und eine verbesserte Version 1938). Bis
Kriegsende wurden in Deutschland und Österreich rund 200 Luft-
schutztürme Bauart Winkel errichtet, von denen noch um die 80 stehen.

Die meisten Winkeltürme wurden bei Kasernen, in Industrieanlagen oder auf Bahnterritorium errichtet, zum Schutz von Soldaten,
Rüstungsarbeitern und Bahnpersonal – so auch der 21 Meter hohe
Winkelturm in Feuerbach mit Platz für rund 300 Personen. Da diese Bunkerform nicht in erster Linie für den zivilen Luftschutz errichtet wurde, war das Innere äußerst schlicht und unkomfortabel –
für die Schutzsuchenden gab es auf mehreren Stockwerken teils nur
Stehplätze, zugänglich über leiterartige, steile Holztreppen. Für die
Zivilbevölkerung wurde 1940 ein Tiefbunker unter dem Bahnhofs-
vorplatz gebaut, dessen Eingang nur wenige Meter entfernt liegt.

In der Nachkriegszeit war Wohnraum knapp; im stark zerstörten
Stuttgart wurden auch Luftschutzräume als Notquartiere umgenutzt.
Ausgebombte Einwohner und Flüchtlinge aus dem Osten fanden in
den beengten Räumlichkeiten oft für viele Jahre Zuflucht und ein
Dach über dem Kopf.

Adresse Bunkerzentrum Feuerbach, Wiener Platz 3, 70469 Stuttgart-Feuerbach | **ÖPNV** U 6, U 13, S 4, S 5, S 6, Haltestelle Bahnhof Feuerbach | **Öffnungszeiten** Führungen am letzten So. des Monats 14.30 und 16 Uhr (inklusive Ausstellung über den Luftschutz 1933 –1945) | **Tipp** Zugänglich sind auch der Hochbunker am Pragsattel und – im Rahmen einer Führung durch den Verein Schutzbauten Stuttgart – der Pionierstollen Mühlhausen. Informationen zu den mehr als 40 Stuttgarter Bunkern und Schutzplätzen unter www.schutzbauten-stuttgart.de.

109 Das Zeichen der Erinnerung

Die Gedenkstätte am Pragfriedhof

Jüdische Bürger wurden in der Schreckenszeit des Dritten Reichs vom Stuttgarter Nordbahnhof aus der idyllischen schwäbischen Heimat gnadenlos abtransportiert – in den sicheren Tod. Einstige Nachbarinnen und Nachbarn wurden dabei zu Helfern, Mitläufern und Massenmördern.

Bereits für das 14. Jahrhundert ist eine jüdische Gemeinde in Stuttgart belegt – schon 1350 wird eine Synagoge erwähnt. Doch auf Weisung des Herzogs Eberhard im Barte mussten gegen Ende des 15. Jahrhunderts alle Juden sein Territorium in Württemberg verlassen. Erst im 19. Jahrhundert wurde ihnen wieder die Niederlassung in Stuttgart erlaubt, 1864 brachte ein Gesetz die rechtliche Gleichstellung.

Vor der Herrschaft der Nationalsozialisten gab es eine bedeutende jüdische Gemeinde in der Stadt mit knapp 5.000 Mitgliedern. Der Naziterror kostete Tausende das Leben und zerstörte jüdische Einrichtungen – im November 1938 brannte in der »Reichskristallnacht« die Synagoge im Hospitalviertel. Brandstifter legten auch im jüdischen Gotteshaus in Bad Cannstatt Feuer.

In der »Blumenhalle« der Reichsgartenschau von 1939 wurden Tausende Mitbürger jüdischen Glaubens zusammengetrieben. Vom »Sammelplatz Killesberg« ging die »Reise« zuerst zum Inneren Nordbahnhof und von dort in die Konzentrationslager: Mehr als 2.500 Menschen jüdischer Herkunft wurden von Stuttgart aus bis in die letzten Kriegstage in die Vernichtungslager deportiert. Fast alle wurden dort ermordet – nur Einzelne haben das Martyrium überlebt.

Im Höhenpark erinnert ein Gedenkstein aus den 1960er Jahren an dieses traurige Kapitel der Stadtgeschichte, am Pragfriedhof wurde die Gedenkstätte eingerichtet. Auf der langen Mauer sind die Namen aller Opfer verzeichnet ...

Deportationen aus Stuttgart

01. Dezember 1941	nach Riga
26. April 1942	nach Izbica
13. Juli 1942	nach Auschwitz
22. August 1942	nach Theresienstadt
01. März 1943	nach Auschwitz
17. April 1943	nach Theresienstadt
17. Juni 1943	nach Auschwitz
11. Januar 1944	nach Theresienstadt
12. Februar 1945	nach Theresienstadt
15. März 1943	nach Auschwitz

Adresse Otto-Umfrid-Straße, 70191 Stuttgart-Nord, www.zeichen-der-erinnerung.org |
ÖPNV U 12, Haltestelle Mittnachtstraße | **Öffnungszeiten** 8 Uhr bis zur Dämmerung (je
nach Jahreszeit 17–20 Uhr) | **Tipp** Als einer der ersten größeren Synagogenneubauten in
der Bundesrepublik wurde die Stuttgarter Synagoge 1952 an der Stelle des 1938 zerstörten
Vorgängerbaus in der Hospitalstraße errichtet. Der Stuttgarter Architekt Ernst Guggen-
heimer (1880–1973) hatte die Nazizeit im Untergrund überlebt.

110__ Der Zeppelinstein

Die Anfänge der Luftfahrt

Ferdinand Graf von Zeppelin war kein Bruchpilot, obwohl sein Luftschiff am 5. August 1908 bei Echterdingen völlig zerstört wurde. Als der mutige Flugpionier auf einer Testfahrt mit seiner LZ 4 hier auf einer Wiese landete, hatte er schon eine Notlandung bei Mainz hinter sich. Während eines Gewittersturms riss sich der Zeppelin aus seiner Verankerung, trieb ab und ging schließlich in Flammen auf.

Am Morgen des Vortags war Zeppelin von Friedrichshafen aufgebrochen, um dem Militär die Eignung der Luftschiffe für Flüge über längere Strecken zu beweisen. Kurz vor Mainz musste das Luftschiff wegen eines Motordefekts Ballast abwerfen und notlanden. Am späten Abend setzte Zeppelin, nun über 1.200 Kilogramm leichter, seine Fahrt fort und landete schließlich in Echterdingen.

Den 1838 in Konstanz geborenen Konstrukteur verbindet einiges mit der Region – in Stuttgart besuchte er ab 1853 die Schule, trat 1855 als 17-Jähriger in die Kriegsschule Ludwigsburg ein und wurde später Offizier der Württembergischen Armee und Adjutant von König Karl I. Als Kriegsbeobachter erlebte Zeppelin in den 1860er und 1870er Jahren den militärischen Einsatz von Ballons. Ihre Abhängigkeit vom Wind brachte ihn auf die Idee, einen »Lenkballon« zu bauen – ein Projekt, das den Erfinder zeitlebens nicht mehr losließ, das aber wenig Unterstützer fand.

Im Sommer 1900 kam es zu den ersten Aufstiegen seines lenkbaren Luftschiffs LZ 1 über dem Bodensee, aber bis zum »Triumph der Aviatik«, wie er später gefeiert wurde, war es noch ein weiter Weg. Erst durch das Unglück bei Echterdingen kam nach einem öffentlichen Aufruf eine beträchtliche Summe für die weitere Entwicklung der Luftschiffe zusammen – die Spendenaktion erbrachte über sechs Millionen Mark. Der Zeppelinstein westlich des Flughafens, nur etwa 1.000 Meter von der heutigen Landebahn entfernt, markiert den einstigen Landeplatz.

HIER·LANDETE
AM·5.AUG.1908
GRAF·ZEPPELIN
ZUM·ERSTEN·MAL
AUF·FESTEM·BODEN

MIT·DEM·LUFTGEIST·HAT·ER·GERUNGEN,
DEN·GRIMMEN·FEIND·SIEGREICH·BEZWUNGEN,
AUS·FLAMMENGLUT·STIEG·ER·EMPOR,
NOCH·HERRLICHER·ALS·JE·ZUVOR.
DER·DEUTSCHEN·STOLZ·DEM·RECKEN·KÜHN,
IHM·GILT·DER·STEIN·GRAF·ZEPPELIN!

Adresse Feldweg bei 70771 Leinfelden-Echterdingen | **Pkw** bis Echterdingen, von dort zu Fuß von der Untertorstraße über asphaltierte Wirtschaftswege ein Stück durch die Felder bis zur B 27 | **Tipp** Das Grab von Ferdinand Graf von Zeppelin findet man in der südöstlichen Ecke des Pragfriedhofs (Abteilung 8). 1917 fand der Flugpionier hier seine letzte Ruhestätte – der auf dem Hoppenlaufriedhof begrabene Ferdinand ist sein Onkel.

111__Der Ziehbrunnen

Das Palm'sche Schloss

1728 kaufte die Familie von Palm das Rittergut Mühlhausen mitsamt einem Schloss. Der angrenzende Schlosspark, der sich von Feuerbachtal am Hang hinauf bis nach Mönchfeld zieht, war zunächst im barocken Stil mit geradlinigen Alleen angelegt und wurde später zum Landschaftsgarten umgestaltet. Aus der Barockzeit sind noch ein Teil der Schlossmauer und der Ziehbrunnen erhalten. Das um 1735 gebaute steinerne Brunnenhaus wird von einem spitzen Helmdach bekrönt, das dem zierlichen Bauwerk eine französische Note gibt.

Anfang des 19. Jahrhunderts ließ Jonathan Freiherr von Palm anstelle des abgebrochenen Vorgängerbaus ein Schlösschen im Stil des Klassizismus neu errichten, das Ende des 19. Jahrhunderts zum heutigen Bau aufgestockt und erweitert wurde.

In den 1930er Jahren erwarb die Stadt Stuttgart Grundstück und Gebäude, das mehrere Jahre als Kinderheim, seit 1990 als Bezirksrathaus dient.

Die Mühlsteininstallation am Palm'schen Schloss erinnert daran, dass der Name »Mühlhausen« auf eine ganz konkrete historische Begebenheit zurückgeht – die Siedlung lag bei der Mühle. Die wirtschaftliche Geschichte des Ortes war eng mit dem Neckar und der damit verbundenen Möglichkeit des Betreibens von Mühlen verbunden.

Dabei erwies sich die Mühlhäuser Wassermühle in ihrer über 600-jährigen Geschichte als stattliche Einnahmequelle. Sie stand auf Mühlhäuser Seite (wohl an der Stelle des heutigen Kauflands), in der Nähe gab es damals ein Mühlwehr. Am Hofener Ufer fuhren Flöße und später Schiffe durch einen Durchlass im Wehr – dafür musste eine Abgabe an Mühlhausen bezahlt werden. Oft stritten die Flößer mit der Herrschaft um die Höhe der Bretterabgaben.

Im Jahr 1889 brannte die Mühle ab, und die Freiherren von Palm verkauften das Grundstück einschließlich der Wasserrechte.

Adresse Palm'sches Schloss, Mönchfeldstraße 35, 70378 Stuttgart-Mühlhausen | ÖPNV U 7, Haltestelle Mönchfeld | Tipp Der Pionierstollen Pi 22−87 ist ab und an per Führung zugänglich, Infos über den Verein Schutzbauten Stuttgart, www.schutzbauten-stuttgart.de.

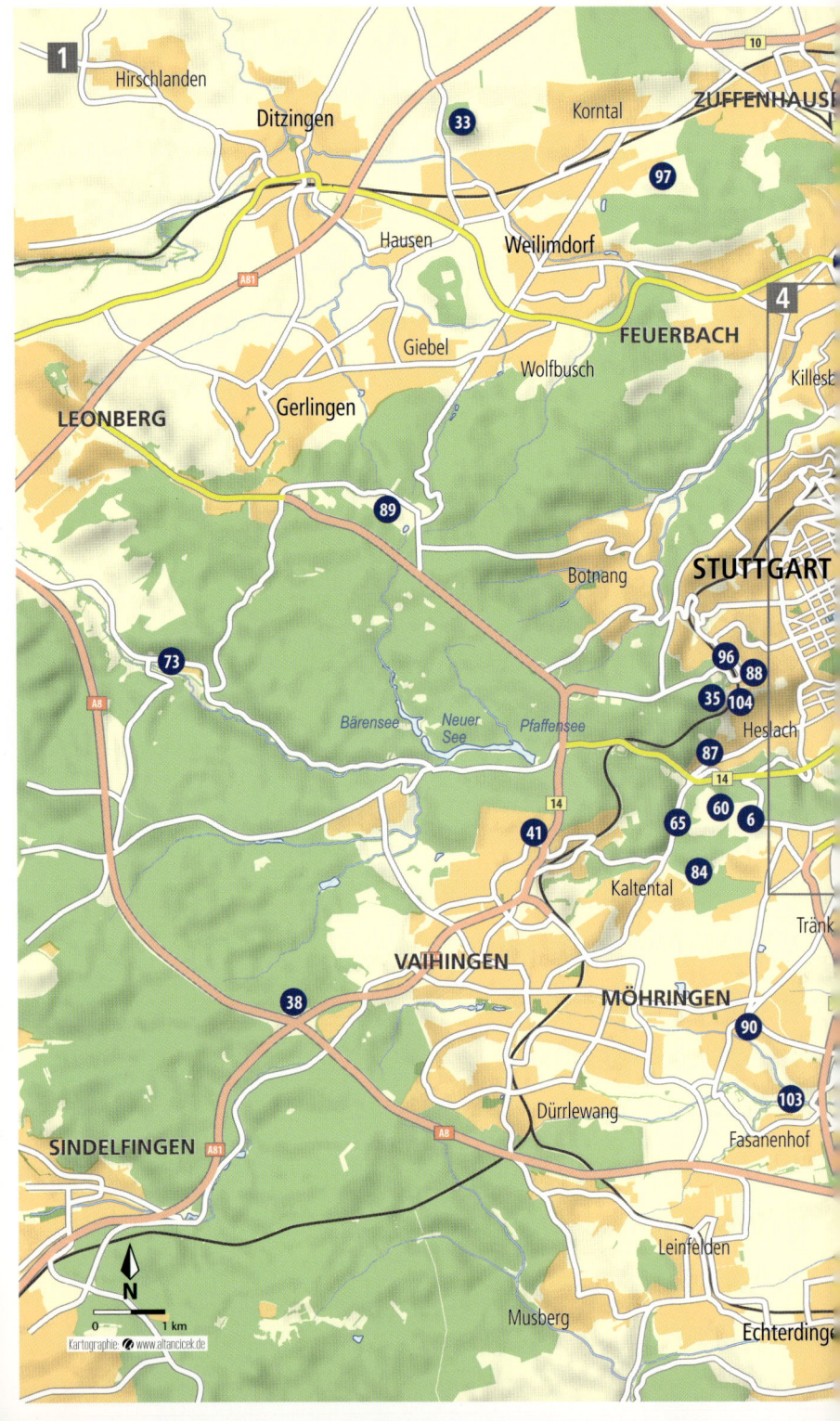

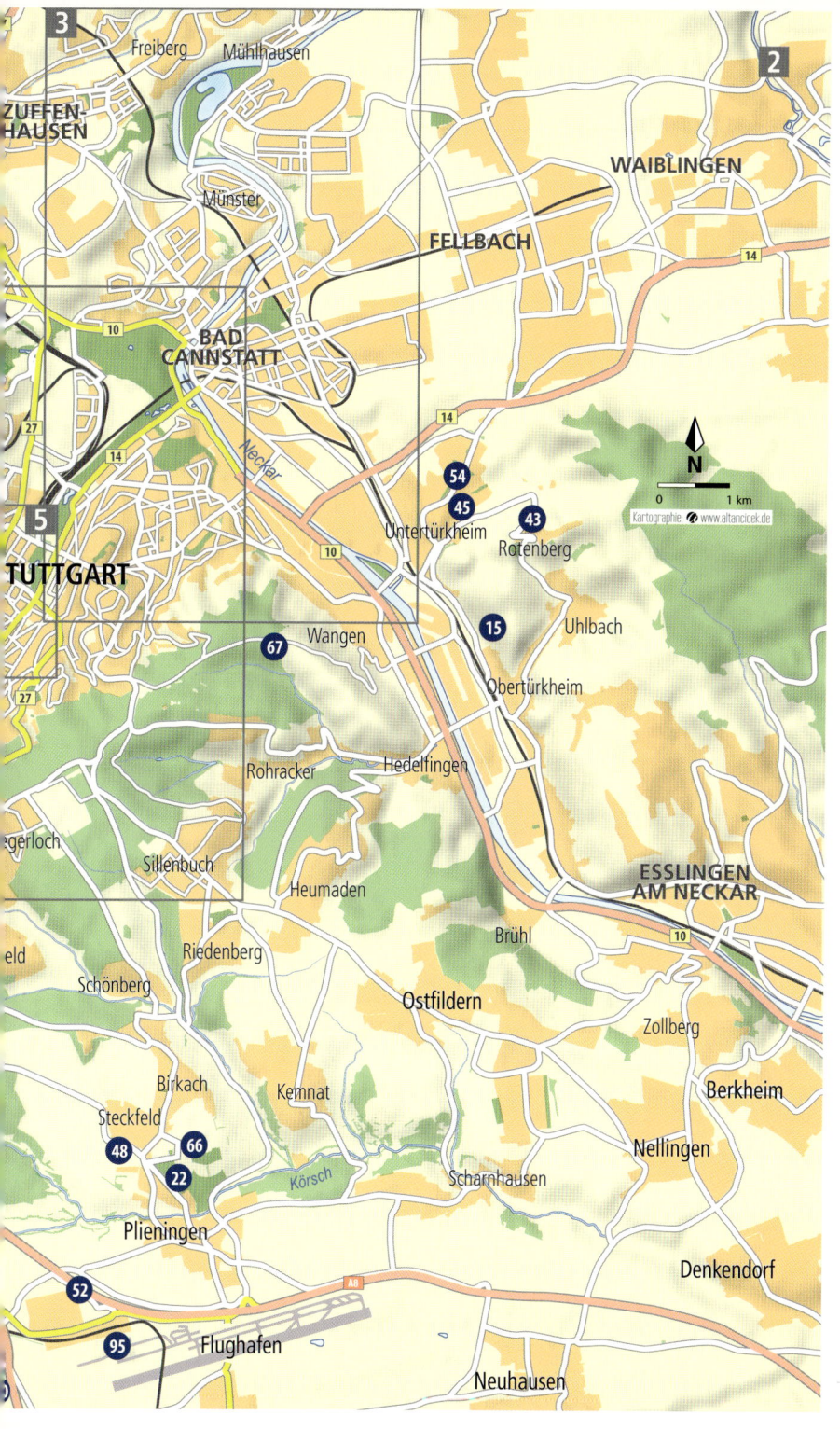

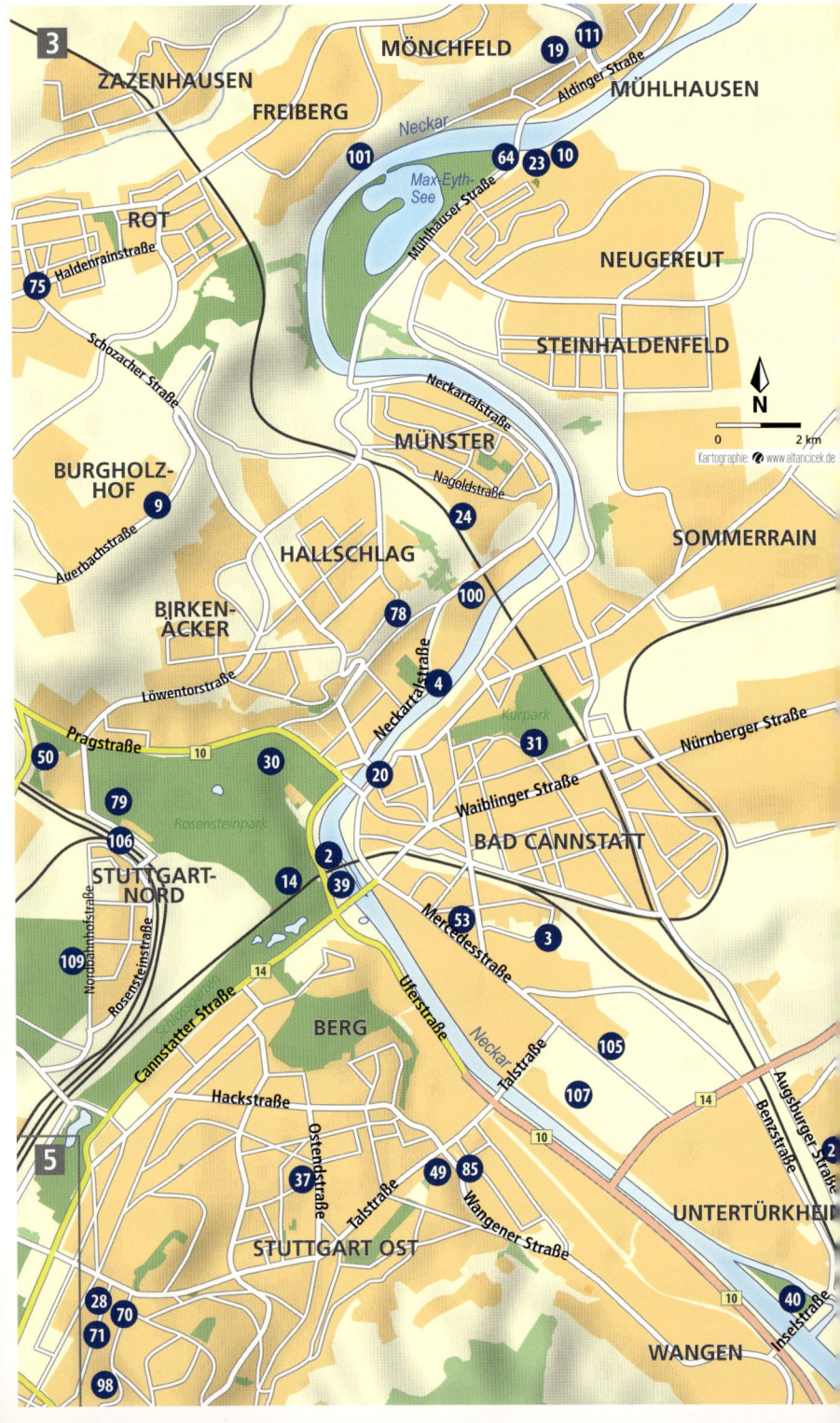

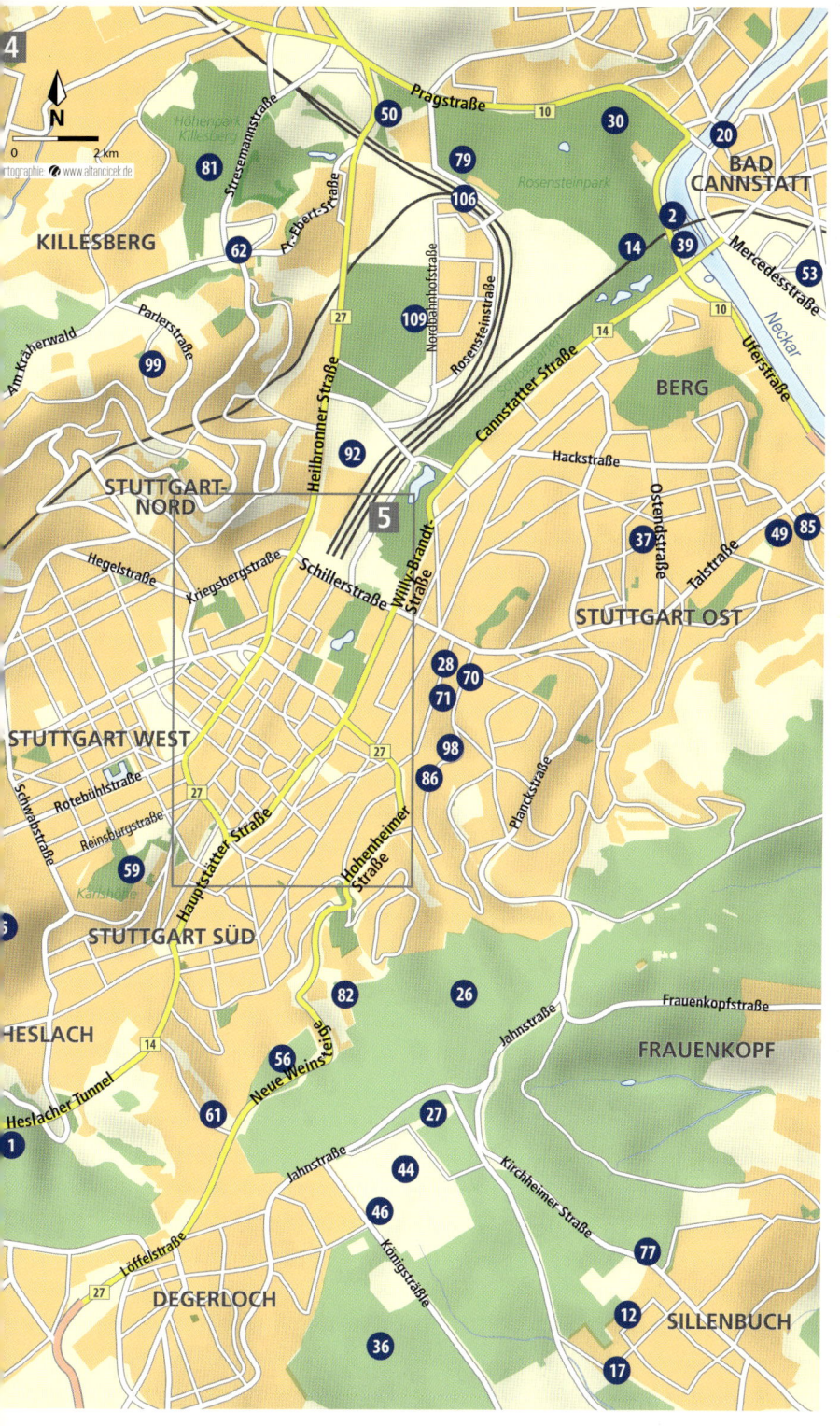

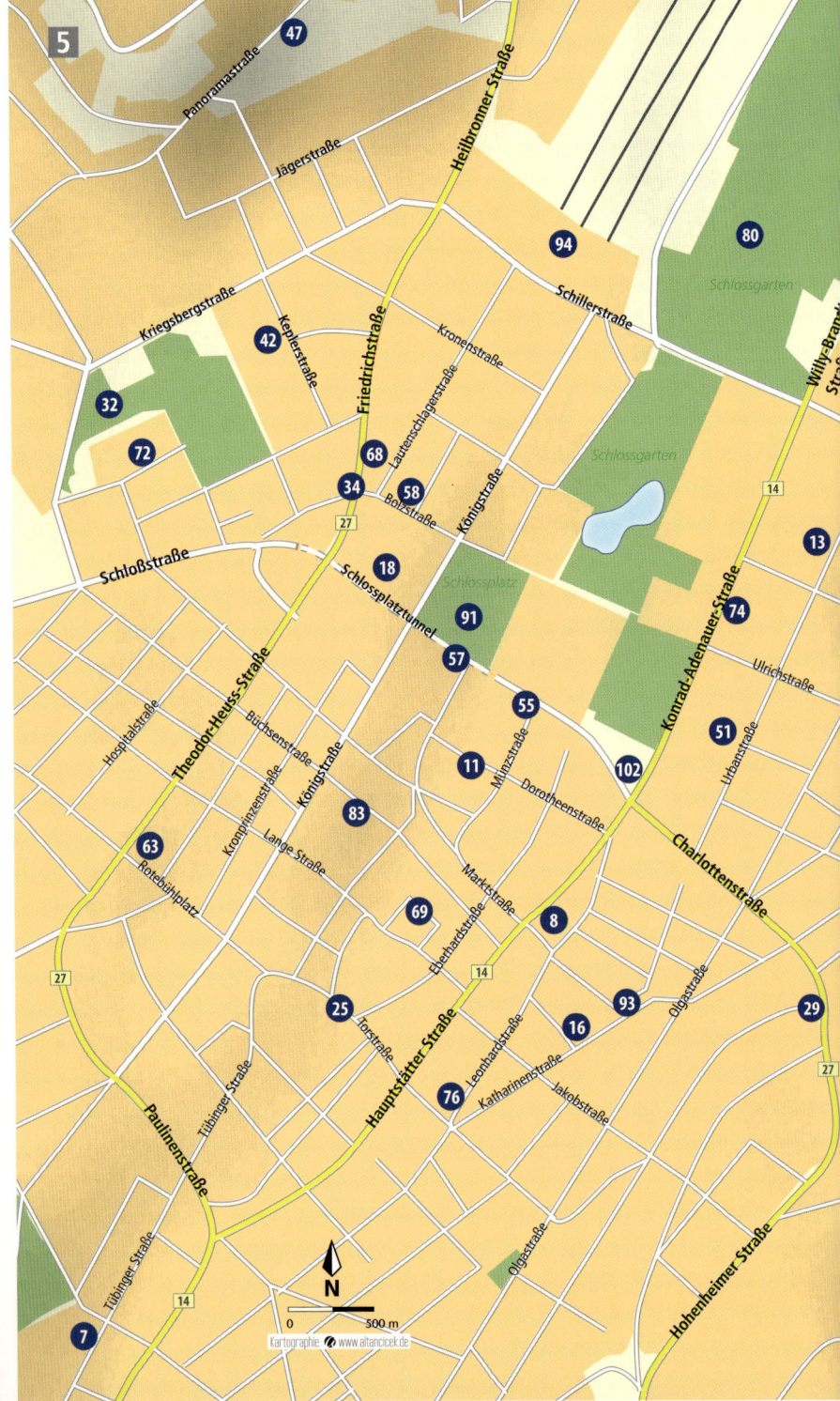

Rüdiger Liedtke
111 Orte auf Mallorca, die
man gesehen haben muss
ISBN 978-3-89705-975-7

Peter Eickhoff
111 Orte in Wien, die
man gesehen haben muss
ISBN 978-3-89705-969-6

Regine Zweifel
111 Orte in Paris, die man
gesehen haben muss
ISBN 978-3-89705-823-1

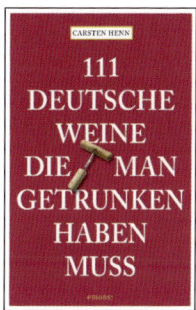

Carsten Henn
111 deutsche Weine, die
man getrunken haben muss
ISBN 978-3-89705-849-1

Gabriele Kalmbach
111 Orte in Dresden, die
man gesehen haben muss
ISBN 978-3-89705-909-2

Bernd Imgrund
111 Kölner Orte, die man
gesehen haben muss
Band 1
ISBN 978-3-89705-618-3

Bernd Imgrund
111 Kölner Orte, die man
gesehen haben muss
Band 2
ISBN 978-3-89705-695-4

Peter Eickhoff
111 Düsseldorfer Orte, die
man gesehen haben muss
ISBN 978-3-89705-699-2

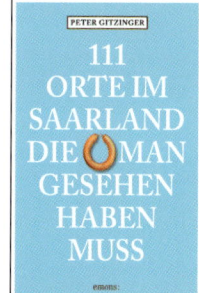

Peter Gitzinger
111 Orte im Saarland, die
man gesehen haben muss
Band 1
ISBN 978-3-89705-709-8

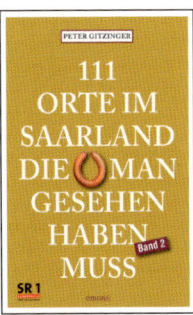

Peter Gitzinger
**111 Orte im Saarland, die
man gesehen haben muss**
Band 2
ISBN 978-3-89705-886-6

Bernd Imgrund
**111 Orte im Kölner Umland,
die man gesehen haben muss**
ISBN 978-3-89705-777-7

Alexandra und Jobst Schlennstedt
**111 Orte an der Ostseeküste,
die man gesehen haben muss**
ISBN 978-3-89705-824-8

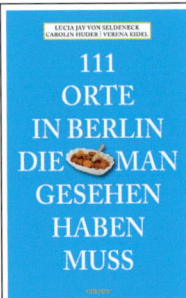

Lucia Jay von Seldeneck,
Carolin Huder, Verena Eidel
**111 Orte in Berlin, die
man gesehen haben muss**
ISBN 978-3-89705-853-8

Fabian Pasalk
**111 Orte im Ruhrgebiet,
die man gesehen haben
muss**
ISBN 978-3-89705-814-9

Rüdiger Liedtke
**111 Orte in München, die
man gesehen haben muss**
ISBN 978-3-89705-892-7

Rüdiger Liedtke
**111 Orte in München, die
man gesehen haben muss**
Band 2
ISBN 978-3-95451-043-6

Oliver Schröter
**111 Orte in Leipzig, die man
gesehen haben muss**
ISBN 978-3-89705-910-8

René Förder
**111 Orte in Sachsen-Anhalt,
die man gesehen haben
muss**
ISBN 978-3-89705-911-5

Rike Wolf
**111 Orte in Hamburg, die
man gesehen haben muss**
ISBN 978-3-89705-916-0

Thomas Baumann
**111 Orte in der Kurpfalz, die
man gesehen haben muss**
ISBN 978-3-89705-891-0

Gertrud und Joachim Steiger
**111 Orte im Odenwald, Spessart
und an der Bergstraße, die man
gesehen haben muss**
ISBN 978-3-89705-945-0

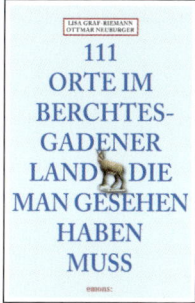

Lisa Graf-Riemann
und Ottmar Neuburger
**111 Orte im Berchtesgadener
Land, die man gesehen
haben muss**
ISBN 978-3-89705-961-0

Daniela Bianca Gierok
und Ralf H. Dorweiler
**111 Orte im Schwarzwald, die
man gesehen haben muss**
ISBN 978-3-89705-950-4

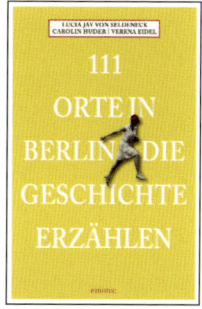

Lucia Jay von Seldeneck,
Carolin Huder, Verena Eidel
**111 Orte in Berlin,
die Geschichte erzählen**
ISBN 978-3-95451-039-9

Stefanie Jung
**111 Orte in Mainz, die man ge-
sehen haben muss**
ISBN 978-3-95451-041-2

Dietmar Bruckner, Jo Seuß
**111 Orte in Nürnberg, die
man gesehen haben muss**
ISBN 978-3-95451-042-9

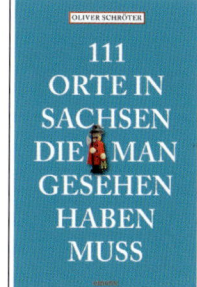

Oliver Schröter
**111 Orte in Sachsen, die
man gesehen haben muss**
ISBN 978-3-95451-021-4

Die Autorin

Gabriele Kalmbach arbeitet als Autorin und Redakteurin von Kochbüchern und Reiseführern in Düsseldorf und München. Ihre schwäbischen Großeltern haben ihr nicht nur sprachlich die Nähe zum Ländle vermittelt – vor allem dank der Küche ihrer Oma hat die Hobbyköchin ihre Genussheimat in Schwaben gefunden. An Stuttgart schätzt sie – neben Besenwirtschaften, Weinstuben und Sternerestaurants – als leidenschaftliche Schwimmerin besonders die Mineralbäder.